Peter Paul Althaus wurde 1892 in Münster/Westfalen geboren und studierte dort nach dem Ersten Weltkrieg Philosophie und Literaturgeschichte. 1922 kam er nach München, wo er – unterbrochen durch Regiearbeiten in England und Tätigkeiten an verschiedenen Rundfunkan-stalten – bis zu seinem Tode 1965 lebte. Er verkehrte im Kreis um Stefan George und war für den »Simplicissimus« und die »Jugend« tätig. In Schwabing gründete er die Kabaretts »Zwiebelfisch« und »Monopteroß«, wo er als phantasievoller Bänkelsänger auftrat.

Er schrieb Gedichte, Hörspiele, übertrug indische und altrussische Lyrik, übersetzte Molière und Voltaire. Unvergessen bleibt »PPA« als Schwabinger Poet, welcher seine »Traumstadt«-Lyrik durch regelmäßige Bürgerversammlungen, eine Stadtordnung – erster Bürgermeister: PPA – und die Verleihung skurriler Titel, wie etwa dem eines Ehrenoberlaternenanzünders, zum Leben erweckte.

edition monacensia
Herausgeber: Monacensia
Literaturarchiv und Bibliothek
Dr. Elisabeth Tworek

Peter Paul Althaus

Das Lied vom kleinen Mann

Gedichte in der »Welt am Sonntag«

(1931–1933)

Herausgegeben von Hans Althaus

Weitere Informationen über den Verlag und sein Programm unter:
www.allitera.de

Bibliografische Information der Deutschen Nationalbibliothek
Die Deutsche Nationalbibliothek verzeichnet diese Publikation
in der Deutschen Nationalbibliografie; detaillierte bibliografische Daten
sind im Internet über http://dnb.d-nb.de abrufbar.

September 2009
Allitera Verlag
Ein Verlag der Buch&media GmbH, München
© 2009 für diese Ausgabe: Landeshauptstadt München/Kulturreferat
Münchner Stadtbibliothek
Monacensia Literaturarchiv und Bibliothek
Leitung: Dr. Elisabeth Tworek
und Buch&media GmbH, München
Umschlaggestaltung: Kay Fretwurst, Freienbrink
Herstellung: Books on Demand GmbH, Norderstedt
Printed in Germany · ISBN 978-3-86906-051-4

Vorwort

Peter Paul Althaus, von seinen Freunden kurz PPA genannt, wurde am 28. Juli 1892 in Münster/Westfalen als Sohn eines Eisenwaren- Leder- und Polstergroßkaufmanns geboren. Bereits zu Schulzeiten galt er als intelligent, unbequem und zu Streichen aufgelegt – die Schule beendete er am Gymnasium Georgianum in Lingen a. d. Ems. Die darauffolgende Apothekerlehre brach er nach kurzer Zeit ab, um sich als Freiwilliger für den Ersten Weltkrieg zu melden. Bereits vor seinem Kriegseinsatz hatte er eigene Gedichte verfasst und arbeitete bei den Zeitschriften *Simplicissimus* und *Jugend* mit, so dass er nach seiner Rückkehr in Münster erst die *Musikalische Deutsche Ecke*, einen Verein für Hobby-Poeten und Laienmusiker, und dann den Literaturverlag *Der weiße Rabe* mitbegründete. Gemeinsam mit seinem Bruder richtete er eine Heeresgut-Sammelstelle für die aus dem Krieg zurück kehrenden Künstler und Studenten ein. Von 1919 bis 1922 studierte Althaus Philosophie, Literatur, Kunstgeschichte und Musikwissenschaft an der Westfälischen Wilhelms-Universität in Münster. »Die Zäsur«, wie Althaus es nannte, stellte 1922 der Umzug nach München dar:

»*Es war eine wunderschöne Zeit, trotz Inflation und Putschen;*
Wir fanden, das konnte uns allesamt den Buckel herunterrutschen.
Wir lebten in einer anderen Welt, einer Welt,
wie wir sie uns vorgestellt,
die wirklicher war als Politik
und echter war als Kinoglück,
in der wir alles fanden, was Gott auf die Erde als Freude gestreut.
Wir haben uns jeden Tag aufs neue gefreut,
und nichts kam uns abhanden, weil wir nichts besaßen wie unseren Humor.
Und den konnte uns keiner nehmen.«

In der bayerischen Hauptstadt lernte er Hilde Supan kennen, Lektorin des Verlages O. C. Recht, Mitarbeiterin der Münchner Kammerspiele und bald Althaus' Lebensgefährtin, die ihn in den Schwabinger Künstlerzirkel einführte. Dort verkehrten u. a. Stefan George, Karl Wolfskehl, Rainer Maria Rilke, Erich Mühsam, Frank Wedekind, Thomas und Heinrich Mann. Den Alltag beschreibt Althaus mit viel Wärme und Begeisterung:

»Da war zunächst unsere Küche in der Rambergstraße. Wir – eine Verlagslektorin, die später eine namhafte Psychoanalytikerin wurde, zwei Maler (der eine, der auf dem Steinfußboden der Parterrewohnung kniend Verse seines berühmten und viel diskutierten Bruders rezitierte, der andere, der trotz oder gerade wegen seiner Ungepflegtheit einen ungemeinen Erfolg bei Frauen jeglichen Alters hatte), dann ein Privatdozent, der nachmals ein sehr bedeutender Ameisenforscher wurde, weiter ein angehender Diplomingenieur, mit unstillbarer Theaterleidenschaft behaftet, dem ich die Bekanntschaft mit Max Pallenberg verdankte. Gelegentlich besuchten uns Schauspielerinnen und Schauspieler der Kammerspiele. Außerdem war bei uns ein Mediziner, der den einzigen Raum bewohnte, den wir in der Inflationszeit mit alten Kistendeckeln und Kartons beheizen konnten, in dem neben der Küche gelegenen Bad. In der trockenen Wanne auf einem quer darüber gelegten Bügelbrett schrieb er seine Doktorarbeit und spendete uns von Zeit zu Zeit aus dem Badezimmer etwas Ersatzseife und Wärme. Auf ungeklärte Weise verfügten wir über einen gewaltigen Vorrat von weißen Bohnen in Büchsen, zu deren Genuss uns der ungepflegte Maler einlud.

Die Küche war unser Lieblingsaufenthalt. Wo sollten wir sonst hin in der Inflationszeit?

Sie war fantastisch ausgeschmückt. Fantastisch in dem Sinne, als der Zierrat an den Wänden die Fantasie anregte.

Über dem Gasherd war an der Wand ein Thermometer gemalt, das auf 25° Celsius zeigte, an einer anderen Stelle ein Hebel, wie man solche in alten Eisenbahnwaggons findet, der selbstverständlich auf ›warm‹ gestellt war, auch im Sommer.

Dann ein selbstgebastelter Kalender, der nur rote Zahlen aufwies, lauter Sonntage. Man durfte aber nur jeden Dienstag und Freitag ein Blatt abreißen, weil der Kalender sonst nicht gereicht hätte. Dienstags und freitags wurde der Gasherd angezündet. Dann gab es Bohnen aus der Büchse. Später wurden die Mähler, zu denen sich dann und wann Schauspielerinnen und Schauspieler von den Kammerspielen einfanden und sogar Chefdramaturgen, opulenter, als sich nämlich die Sache mit dem Silberbesteckkasten herumgesprochen hatte. Die Verlagslektorin besaß aus ihrem elterlichen Erbteil einen Silberbesteckkasten für 48 Personen. Diesen Silberkasten schleppten wir in eine Pfandleihanstalt und bekamen jedes Mal den Schätzpreis der abgewerteten Mark. Eilends wurde dann das Nötige gekauft.

Bei diesen Gelegenheiten (aber nur in Ausnahmen bei allerdings klein gestellter Flamme) wärmten wir unseren Rücken im Halbkreis sitzend und diskutierten, kritisierten, sinnierten und spinnierten über die Gegenwart und Zukunft. Natürlich und hauptsächlich über unsere eigene Zukunft. Ruhm, Anerkennung, Ehre und genügender Wohlstand waren das mindeste, was wir auf Grund unserer Talente verlangten.«

Mit Klaus und Erika Mann und Wedekinds Kindern Pamela und Kadja führte Althaus improvisierte Hauskabaretts in der Wedekindschen Wohnung in der Prinzregentenstraße auf. In der Künstlerkneipe *Simpl* lernte er Joachim Ringelnatz kennen, dem er postum ein Gedicht widmete. Der künstlerische Durchbruch gelang ihm schließlich 1923 mit den Veröffentlichungen seiner ersten Gedichte im »Göttinger Musenalmanach« (Herausgeber war Börries von Münchhausen), und den Übersetzungen des »Tartuffe« im Originalversmaß sowie alter indischer Lyrik aus dem Englischen. Im nächsten Jahr erschienen eine Voltaire-Übersetzung und der Gedichtband »Jack, der Aufschlitzer«, der polizeilich verboten wurde, was auch an den frivolen Zeichnungen Rudolf Schlichters lag.

In den Jahren 1925 bis 1926 war PPA, wie er sich mittlerweile selbst nannte, vorübergehend Regieassistent am Deutschen Nationaltheater Weimar, und begann ab 1928 für den Bayerischen Rundfunk Hörspiele zu schreiben, u. a. »Liebe, Musik und der Tod des Johann Sebastian Bach« (1933).

In den 1930er Jahren war Althaus viel unterwegs: Anfangs bereiste er Europa, wo er u. a. in England als Regisseur arbeitete, und gründete 1934 bei seiner Rückkehr in München mit Ludwig Kusche und Wolfgang von Weber das literarische Kabarett »Der Zwiebelfisch« in der Gaststätte *Weißes Haus* in der Barerstraße. Seit 1939 war er Oberspielleiter beim Berliner *Deutschlandsender*, wo er u. a. Revuen schrieb, bis er 1941 auf Befehl von Joseph Goebbels entlassen wurde, weil er den prinzipiell unpolitischen Gedichtband *Das Vierte Reich* (1928) Albert Einstein gewidmet hatte.

Während des Zweiten Weltkrieges war er Hauptmann einer Transportkompanie und kehrte 1945 nach München zurück, wo er erneut für den Bayerischen Rundfunk und als freier Kabarettist (»Schwabinger Brettl« 1947, »Monopteros(s)« 1948) arbeitete. Daneben war er seit Oktober 1947 freiberuflicher dramaturgischer Lektor des Theaterverlags Desch in München. 1948 gründete er den Künstlerkreis *Seerose*, der noch heute besteht. In der Zeit von 1951 bis 1961 schrieb Althaus die berühmten Gedichtbände: »In der Traumstadt«, »Dr. Enzian«, »Flower Tales – laßt Blumen sprechen«, »Wir sanften Irren« und »Seelenwandertouren.« Hoch geehrt und mit zahlreichen literarischen Preisen ausgezeichnet starb Peter Paul Althaus am 16. September 1965 im Alter von 73 Jahren in seiner Schwabinger Wohnung in der Trautenwolfstraße 8.

Im Zeitraum von 1931 bis 1933 hat Althaus die damalige politische und wirtschaftliche Krise nahezu wöchentlich in der Münchner *Welt am Sonntag*[*] kommentiert und glossiert. Als Pseudonym wählte er in der Regel den Ulknamen »George on Zola«, da ihm alles wie Käse vorkam. Seine Texte sind nicht nur kunstvolle li-

---

[*] Die Zeitung erschein ab 1922 in der Bayerischen Verlagsgesellschaft m.b.H., München. Es wird hiermit darauf hingewiesen, dass die damalige Welt am Sonntag mit der derzeitigen gleichnamigen Zeitung nicht identisch ist.

terarische Werke, sondern auch bemerkenswerte Zeitdokumente. Angefangen bei kleinen Gedankenspielen über den Alltag, werden zunehmend auch kulturell-gesellschaftliche und politische Ereignisse aufs Korn genommen. Das letzte Gedicht vom 6. August 1933, »Kleine Ansprache eines tiefsinnigen Mannes«, wurde schließlich anonym veröffentlicht, weil die Errichtung der NS-Diktatur eine freie und kritische Meinungsäußerung unmöglich gemacht hatte. Der Künstler Ludwig Kusche resümierte zum 65. Geburtstage seines Freundes:

»Althaus wurde [....] ein ständiger Mitarbeiter der Zeitung ›Welt am Sonntag‹, für die er jede Woche ein Gedicht zu liefern hatte. Es waren manchmal Gedichte, die eine ganze Seite einnahmen und in denen scharfe Hiebe nach rechts und nach links ausgeteilt wurden. Da diese Hiebe aber von Althaus immer mit einem geistigen Florett und nicht mit dem demagogischen Vorschlaghammer ausgefochten wurden, so fühlte sich letzten Endes keiner betroffen, sondern jeder freute sich auf die nächste Nummer der ›Welt am Sonntag‹.«

Bei Dietrich Neuhaus bedanke ich mich für die Durchsicht des Manuskriptes und die wertvollen Hinweise. Der Bayerischen Staatsbibliothek danke ich für die Einsicht der *Welt am Sonntag*. In meinem persönlichen Archiv fand ich zudem weitere Gedichte, die Peter Paul Althaus in dieser Zeitung veröffentlicht hat. Zur Orientierung habe ich alle Gedichte chronologisch geordnet und fehlende Angaben mit einem Fragezeichen ersetzt. Die Orthografie folgt den Originaldrucken. Offensichtliche Druckfehler wurden stillschweigend berichtigt. Der Künstler hat seine Gedichte teilweise mit Kommentaren versehen und diese in der Regel seinen Gedichten vorangestellt. Die kursiv geschriebenen Anmerkungen stammen von mir. Alle damaligen Ereignisse, die bezüglich der Gedichte in der *Welt am Sonntag* wichtig sind, habe ich in einer Chronik zusammengefasst.

Köln, im Sommer 2009   *Hans Althaus*

Apropos -- Glaspalast

Apropos Glaspalast – apropos –
die Sache mit dem Glaspalast, die war so:
Als er noch stand, da hieß es von ihm,
er passe nicht in die Landschaft und er sei ein Ungetüm.
Na, und daraufhin ist der Glaspalast kurzerhand
(vielleicht auch nicht daraufhin, sondern aus anderen Gründen)
    abgebrannt.

Apropos Wiederaufbau – apropos –
die Sache mit dem Wiederaufbau, die war so:
Eine Zeitlang hörte man gar nichts vom Wiederaufbau mehr,
und auf einmal hieß es, jetzt kommt der Glaspalast wieder her,
der Auftrag sei bereits vergeben und zwar – –
und dann hieß es wieder, das sei alles gar nicht wahr.
Und dann war es doch wahr und es war kein Gerücht und keine
    Sage,
und die freien Künstler kamen für den Wiederaufbau nicht in
    Frage.

Apropos Künstlerversammlung – apropos –
die Sache mit der Künstlervereinigung, die war so:
Als die freien Baukünstler eine Versammlung abhalten wollten in
    Sachen Glaspalast,
da hat das der Polizei (wahrscheinlich der Baupolizei) durchaus
    nicht gepaßt,
denn möglicherweise hätten die Künstler – welch Umsturzgefahr! –
an den Beschlüssen des pt. Kultusministeriums Kritik üben kön-
    nen – nicht wahr?
Künstler haben sich kritisieren zu lassen und nicht selber zu kri-
    tisieren,
Künstler haben das Maul zu halten und sich nicht zu rühren!
Diesethalben und infolgedessen war die Sache mit der Künstler-
    versammlung folgendermaßen:

Die Künstlerversammlung wurde von der Polizei wegen Umsturzgefahr nicht zugelassen.

Apropos Moral – apropos –
die Sache mit der Moral ist so:
Die Zeiten sind höchst merkwürdig und sonderbar –
was dem einen sein Wiederaufbau, das ist dem anderen seine Umsturzgefahr.

Pieter Baathus

WaS, Nr. 51 vom 20. Dezember 1931, S. 3.

Nur drei Jahre nach dem Londoner Kristallpalast entstand in München nach Errungenschaften moderner Architektur der Glaspalast, der 1854 für eine Industrieausstellung errichtet worden war. 240 Meter erstreckte er sich entlang des Alten Botanischen Gartens. Hatte die erste Ausstellung noch der Industrie gedient, so zog ab 1869 die neue französische Malerei in den Palast.
Am 6. Juni 1931 wurde der Palast Opfer eines Großfeuers und brannte vollständig aus, so dass er abgerissen werden musste. Allein 110 Gemälde der deutschen Romantik wurden vernichtet. Für die Münchener Künstler, die regelmäßig in dem Palast Verkaufsausstellungen durchführten, war die Brandkatastrophe ein schwerer wirtschaftlicher Schlag. Auch ausländische Künstler waren betroffen.

Tiere sehen dich an

Wohin du blickst, wohin du schaust,
und wenn du auch deinen Augen nicht traust,
und wenn du auch meinst, dass der Affe dich laust,
und wenn dich auch vor dem Anblick graust –
es ist nun mal nichts zu ändern daran:
Pleitegeier sehen dich an.

Aus der Froschsperspektive, vom grünen Tisch,
vom Kleinrentnersofa aus rotem Plüsch,
aus jeder Rotunde, aus jedem Gebüsch –
es ist nun mal nichts zu ändern daran:
Mit dem Augenaufschlag von Lilian Gish,*
als wäre er Ledas berühmter Schwan
sieht d i c h der Pleitegeier an.

Ob du weit- oder ob du kurzsichtig bist,
ob du Jude oder Sachse bist oder Christ,
ob du Kaviar oder ob du bloß Hering frißt,
ob du gar keine Unterhose trägst oder eine aus Seidenbattist,
es ist nun mal nichts zu ändern daran:
Pleitegeier sehen dich an.

Ob dein Auge braun oder ob es blau ist,
ob du Ehemann oder geschiedene Frau bist,
ob du ein Mensch bist oder ein Wauwau bist,
ob du es Krise nennst oder einen verfluchten Saumist –
es ist nun mal nichts zu ändern daran:
Pleitegeier sehen dich an.

Ob du den kühnen Forscherblick besitzest,
ob du durch ein Monokel blitzest,

---

* Gemeint ist die US-amerikanische Schauspielerin Lillian Gish (14.10.1893-27.2.1993)

ob du Rasierseife oder Schuhwichse zum Zähneputzen benützest,
ob du Priem kaust oder ob du Morphium spritzest,
ob du normal bist oder ob du phrenoschitzest –
es ist nun mal nichts zu ändern daran:
Pleitegeier sehen dich an.

Ob du Mormone bist oder Wiedertäufer,
ob du Käufer bist oder Wiederverkäufer,
ob du durch die rosige Brille siehst oder den rosigen Kneifer,
ob du als unverbesserlicher Ganzjahressäufer
weiße Mäuse siehst – die weißen Mäuse sind nur ein Wahn:
Pleitegeier sehen dich an.

Ob du Schwarzhörer bist oder Hellseher,
ob du Langschläfer bist oder Frühaufsteher,
Radfahrer, Automobilist oder Schnellgeher,
Arzt, Schornsteinfeger, Fleischbeschauer oder Pillendreher –
es ist kein Adler, kein Uhu, kein Kanarienvogel, kein Eichelhäher,
kein Flamingo, kein Papagei, kein Huhn und kein Hahn:
Der ewige Pleitegeier sieht uns hintan.

Drum schließe die Augen und laß das Glotzen,
es hilft kein Weinen und kein Trotzen,
es ist alles andere, um damit zu protzen,
es ist überall das gleiche, es ist zum Kotzen –
es ist nun mal nichts zu ändern daran:
Pleitegeier s e h e n dich an.

Peter Paul Althaus

»Schenke praktisch«
von Peter Paul Althaus

I
Die Devise für Weihnachtsgeschenke dieses Jahr
war einfach und deutlich und klipp und klar
ganz didaktisch:
»Schenke praktisch!«
»Schenke praktisch« hing in allen Läden und allen Geschäften,
es sprang dir in die Augen, du fühltest es sich an deine Sohlen
    heften,
du sahst es auf Plakaten und Affichen,
du begegnetest ihm in Schaufenstern, auf Ladentischen,
du sahst es an Dachziegelmustern hangen,
an Hühnerringen und Zahnziehzangen,
an Füllfeder- und an Büstenhaltern,
an Creme gegen Krähenfüße und frühzeitiges Altern,
an allen Artikeln für den Jüngling, den Herrn, die Großmutter
    und den Backfisch,
an jedem Zimmernachtstuhl, an jedem Lacktisch:
»Schenke praktisch! Schenke praktisch!«
Küchen-, Kleider- und Aktenschränke,
Hobel-, Garten- und Armsünderbänke,
eine Pferdetränke, Kugelgelenke,
alles, alles: praktische Geschenke.

II
Also schön – Tante Chlorinde kam gestern morgen –
»Ich habe noch soviel zu laufen und zu besorgen
und darum lege ich erst gar nicht ab – hier,
nimm das und verwahre es dir.
Es ist ein Weihnachtsgeschenk für dich, dermaleinst,
wenn du an meinem Grabe stehst und weinst – –
Ich bin nicht mehr die Jüngste und kann jeden Tag sterben
und darum sollst du mich schon jetzt beerben.

Mach das Paket erst abends auf, unter dem Weihnachtsbaum, hast
du einen Weihnachtsbaum überhaupt?
›Schenke praktisch‹ – was ich dir da gebe, i s t praktisch; Gott ich
muß gehen, es ist ja viel später, als ich geglaubt!«

III

Gegen Mittag kam das Mädchen von Geheimrat Reimchen
und brachte ein Töpfchen mit einem schwindsüchtigen kleinen
Tannenbäumchen,
und ein Briefchen lag dabei: »Werter Herr Doktor, hiermit anbei
eine kleine Aufmerksamkeit, und wir meinen, daß »Schenke praktisch« dieses Jahr das Richtigste sei
Mit der beigefügten Tanne – es ist eine Edelziertanne – haben sie
das ganze.
Jahr eine wundervolle und dankbare – wenn Sie sie richtig pflegen
– Zimmerpflanze,
und am nächsten Weihnachten wird die Tanne so groß sein, daß
sie kaum
noch in Ihr Zimmer geht und dann benützen Sie sie als Weihnachtsbaum.
Wir begrüßen Sie mit den besten Weihnachtsgrüßen.
P.S.: Vergessen Sie nicht, die Edeltanne fleißig zu begießen.«

IV

Um vier Uhr nachmittags kam Vetter Theobald
und fragte, ob ich keinen Schnaps hätte, es sei heute hundsverdammt kalt,
und dann versuchte er ein Paket aus seiner Tasche zu bringen;
es wollte und wollte aber nicht gelingen.
Zuletzt mußten wir die Tasche zerschneiden mit einer Schere,
weil das Geschenk sonst nicht aus der Tasche gegangen wäre.
Es war nämlich ein Weihnachtsgeschenk für mich, und zwar eine
Kokosnuß,
und die war wirklich praktisch, denn es war eine Kokosnuss mit
Reißverschluß.
»Faktisch« fragte ich ungläubig, »faktisch?«
»Schenke« sagte Vetter Theobald »praktisch!«

V

Es wurde sechs, es wurde sieben und dann kam keiner mehr, und es wurde acht,
und dann habe ich mir mit meinen praktischen Geschenken eine Weihnachtsfeier gemacht.
Zuerst habe ich mir einen Grog gebraut von dem Schnaps, den Vetter Theobald übrig gelassen,
und mit dem Grog versuchte ich, ein wenig gegen eine Art komischen Einsamkeitsgefühls zu spaßen
und dann holte ich das Bäumchen von Reimchens und stellte es oben auf die Stange der Gardine,
damit das Bäumchen dadurch etwas größer würde oder wenigstens schiene,
und dann versuchte ich die Kokosnuß an das Bäumchen zu hängen, als Christbaumschmuck,
aber scheinbar war sie zu schwer und die Gardinenstange hielt anscheinend dem Druck
von dem Bäumchen und der Kokosnuß nicht genügend stand,
denn die ganze Bescherung polterte plötzlich von der Wand.
Und dann fiel mir das Paketchen von Tante Chlorinde ein
und ich dachte, da sie von Tränen gesprochen, es würde ein Tropfenfänger sein.
(Tante Chlorinde ist nämlich so, sie denkt immer im Voraus und immer an Alles,
und so beschäftigt sie sich auch jetzt schon mit den kleinsten Kleinigkeiten ihres eigenen Trauerfalles.)
Also ich wickelte ohne viel Erwartung das Paketchen aus, und was meinen Sie, was ich da finde? In dem Paketchen war das Gebiss von Tante Chlorinde!
Tante Chlorindens Zähne grinsten mir ohne die Tante freundlich entgegen, und ich, etwas gequält,
lächelte ebenso zurück; ich habe noch meine sämtlichen Zähne und ein künstliches Gebiß ist das,
was mir am wenigsten fehlt.
Und dann legte ich Tante Chlorindens Weihnachtsgabe und Erbe auf den Boden in den entzweigegangenen Blumentopf, respektive in eine Scherbe

und dachte mir – was man sich so denkt und was man bei solchen Gedanken denken muß.
Aber etwas wollte ich wenigstens von meinem Weihnachtsabend haben, und so machte ich mich
über die Kokosnuß
und zog an dem Reißverschluß, um mir die Kokosnuß zu Gemüte zu führen;
aber der Reißverschluß wollte und wollte nicht funktionieren.
Wie ich zog und riß und zerrte und rammte,
der Reißverschluß blieb verschlossen, der Reißverschluß, der verdammte!
Zuletzt klemmte ich mir sämtliche Zeigefinger und Daumen wund und ich schimpfte die Kokosnuß (völlig sinnlos): »Verfluchter Hund!«
Und dann packte mich die Wut und ich nahm das Gebiß der Tante
Und biß mit dem Gebiß der Tante eine gehörige Kante
von der Kokosnuß ab, während ich mit der anderen Hand
den mickrigen Weihnachtsbaum mit Petroleum begoß, und dann steckte ich ihn in Brand.
Es stank furchtbar und auf der Straße brüllte jemand gellend: »Feuer!«
Es war aber nur meine Weihnachtsfeier.

VI.

Jetzt bin ich krank, weil ich immerzu muß:
Sie war nicht mehr ganz frisch gewesen, die Kokosnuß.
Und wenn ich es so in aller Bettruhe bedenke:
Nächstes Jahr verweigere ich die Annahme »praktischer Geschenke«.

WaS, Nr. 52 vom 27. Dezember 1931, S.8.

Geheimbefehl für 1932

Unter dem 1. Januar wird durch Reichgesetzblatt S. 441 bekanntgegeben, daß laut
§§ 777 u. ff., Absatz 2a, das Jahr 1931 wird hiermit wegen Erreichung der Altersgrenze abgebaut.
Dafür wird das Jahr 1932 die Zeitrechnungsabteilung verwalten.
Zusatz A:
Soweit man das Programm übersehen kann, werden wir paradiesische Zustände erhalten.
Zunächst wird mit einer einzigen Verfügung von oben
die Arbeitslosigkeit, die Wohnungsnot – kurz die ganze Krise behoben.
Zusatz B:
Des weiteren wird der Winter verboten, weil er zu kalt und zu nßs ist;
Außerdem, der Mann, der jeden Monat kommt und das Gas mißt,
wird abgeschafft, weil die städtischen Werke das Gas künftighin als Zugabe verschenken
und überdies die Preise für das elektrische Licht noch unter den Einkaufspreis senken.
Zusatz C:
Die Steuern werden samt und sonders gestundet und dann vergessen,
man bildet schon eigene Vergessungsbeamte dafür aus, und die Akten bekommt der Amtsschimmel zu fressen
als Gnadenbrot. Weiterhin werden alle fälligen Forderungen und Mieten und Schneiderrechnungen gestundet,
wodurch mit einem Schlag die geplante Weltwirtschaft wieder gesundet.
Zusatz D:
Jeder darf schimpfen, soviel er schimpfen will, auf die Regierung, auf den Staat –
weil ja alles in Butter ist, und er überhaupt nichts mehr zu schimpfen hat.

Zusatz E:
Die Not wird durch eine Anti-Notverordnung annulliert;
Diese Antinotverordnung wird im Staatsauftrag von Dichtern gedichtet und von Kunstmalern illustriert,
damit die Künstler endlich wieder mal auf einen grünen Zweig gelangen
und nicht dauernd an Gasschläuchen saugen und an Stricken hangen.
Zusatz F:
Des weiteren werden wir alle in Hemden von gleicher Farbe gesteckt,
damit keiner mehr den andern mit Handgranaten und Schlagringen neckt.
PS.:
Dies ist nur ein kleiner Teil dessen, was uns das Jahr 1932 verspricht in seinen Programmvorlagen;
Vorläufig ist das aber noch alles geheim und man darf es noch nicht weitersagen.

P. Pasquill

WaS, Nr. 1 vom 3. Januar 1932, (?)

Warum?

So kann es gehen, wenn man sich über andere lustig macht! Da haben wir in der vorigen Nummer in dem Artikel »Umtauschsorgen« den Schallplattenschlager »Warum, warum ist die Banane krumm?« den größten Blödsinn des 20. Jahrhunderts genannt – und schon stellt sich heraus, daß unser Mitarbeiter G e o r g e o n Z o l a die krumme Banane erzeugt hat, lange bevor die Schallplatten überhaupt erfunden waren. Die Wege der Bananen sind manchmal rätselhaft. Hier ist der Urtext:

> Man fragt auf den Kleinen Antillen,
> man fragt am Rhein und am Po,
> man fragt sich laut und im Stillen:
> warum, weshalb und wieso –
>
> Man fragt sich auf Sizilien,
> man fragt auf Haiti, in Bern,
> es fragen sich ganze Familien,
> es fragen sich einzelne Herrn –
>
> Man fragt sich des Nachts und am Tage,
> man fragt sich mal klug und mal dumm,
> doch immer dieselbe Frage:
> Warum – warum – warum –
>
> Warum, warum, warum, warum,
> ist die Banane krumm?
> Sie könnte doch auch grade sein,
> das würde auch nicht schade sein –
> warum, warum, warum, warum,
> ist die Banane krumm?
> Warum ist sie nicht kerzengrad
> wie'n Schornstein oder'n Tugendpfad?
> Das ist die große Frage
> und keiner weiß warum –

darum in jeder Lage
bleibt die Banane krumm.
Warum, warum, warum, warum
ist die Banane krumm?

George on Zola

WaS, Nr. 2 vom 10. Januar 1932, (?)

Warum?

Unserem Mitarbeiter George on Zola hat die von ihm in der vorigen Nummer besungene Krummheit der Banane schlaflose Nächte bereitet. Er hat nicht geruht und gerastet, bis er seine tiefschürfenden Forschungen auch auf andere Südfrüchte ausgedehnt hatte. Hier sind die Produkte seiner wissenschaftlichen Erwägungen:

Der menschliche Entdeckergeist,
der kühn das Äthermeer bereist –
vor d e m Problem, da hält er still,
das ich jetzt hier besingen will.

Des Menschen tapfrer Forscherdrang,
dem alles das bis jetzt gelang,
was er sich vorgenommen hat –
bei dieser Frage ist er platt!

Die Wissenschaft, die alles weiß,
Gelehrtenfleiß, Doktorenfleiß –
bei dieser Frage sind sie stumm:
Warum – warum – warum –
Warum hat nur die Kokosnuß
noch immer keinen Reißverschluß?
Das wäre praktisch und bequem,
doch leider ist es nicht an dem!
Warum nur hat die Kokosnuß
noch immer keinen Reißverschluß?

Warum nur wächst die Ananas
nicht gleich sofort als Bowlenglas?
Ist die Natur noch nicht soweit?
Wo bleibt die neue Sachlichkeit,
die Sachlichkeit in der Natur?
Ist da von Fortschritt keine Spur?
Ist das der Dienst am Publikum?

Stellt die Natur sich denn nicht um?
Hat die Natur denn keinen Sinn
für Nutzen und für Reingewinn –
und produziert sie bloß zum Spaß?
Warum nur wächst die Ananas
Nicht gleich sofort als Bowlenglas?

George on Zola

WaS, Nr. 3 vom 17. Januar 1932, S. 6.

Warum immer warum?

Warum nicht auch: Wieso?

Immer noch stoßen unserem Mitarbeiter G e o r g e o n Z o l a bange Fragen auf. Er hat sich damit abgemüht, w a r u m die Banane krumm sei w a r u m die Kokosnuß keinen Reißverschluß habe. Unmittelbar vor dem Tiefsinnigwerden, vor der hoffnungslosen Erstarrung in Grübler-Melancholie hat er jetzt eine sensationelle Faschingsentdeckung gemacht. Er ist darauf gekommen, daß man nicht immer nach dem »Warum« zu fragen braucht. Daß man zur Veränderung auch einmal sich mit dem »W i e s o?« und »W e s w e g e n?« abgeben könnte. Daraufhin ist in orgiastischer Faschingsfreude folgendes Poem seiner Feder entspritzt. Und nun will er in Hinkunft das Denken sein lassen und sich mit Kopf und Popo in den Fasching stürzen, im Wogenbraus des Tanzes vergessend, wo ihm diese Körperteile eigentlich sitzen.

> Also: Wieso?
> Wieso,
> wieso,
> sitzt h i n t e n der Popo?
> Er könnte doch auch vorren sein, –
> man würd' zunächst verworren sein,
> doch dann,
> doch dann,
> gewöhnte man sich dran.
>
> Wieso,
> wieso,
> sitzt er nicht anderswo?
> Nicht grade im Gesichte drin,
> jedoch vielleicht, vielleicht am Kinn;
> als rundes Doppelkinn vielleicht, –

wenn man das Kinn dann harmlos streicht,
ahoi, oho,
dann streicht man den Popo.

Er könnt' auch n o c h wo anders sein,
am Arm vielleicht, vielleicht am Bein
als Überbein – eventuell
als Rucksack hint' am Nackenfell.
Er könnte auch am Hinterkopf –
zumal wenn jemand hat 'nen Kropf,
dann hätt er hinten im Genick
zu seinem Kropf ein Gegenstück.
Am Hinterkopf ein Wangenpaar –
s' ist nur die Sache mit dem Haar,
man müßt es scheiteln rechts und links,
mit einem Scheitel, ja, da ging's,
sofern man keine Glatze hat;
doch fände sich auch da ein Rat.

Verwechselt würde nie der Kropf
mit dem Popo am Hinterkopf,
denn setz' dich mal mit einem Kropf,
da setz' dich mal auf einen Topf,
dann merkst du gleich wieso
der Kropf ist kein Popo.

Weswegen,
weswegen
ist er so abgelegen?
Im Auto oder im Büro,
auf Fürstenthronen, auf dem Klo,
am Lido und in Borneo,
man trägt ihn nirgends vorneo;
beim Löwen und beim Wüstenfloh,

ja selbst bei Greta, der Garbo
sitzt hinten der Popo.
Nicht jeder Podex ist so schön
wie Greta Garbos anzusehn,
drum sein wir froh, Verehrteste,
daß uns der Allerwerteste
so im Verborgnen blüht
und daß ihn keiner sieht.

George on Zola

WaS, Nr. 4 vom 24. Januar 1932, (?)

SCHUSTERS RAPPEN

Wenn ich so des Abends meine Füße betrachte,
wo die schon überall waren –
in Buenos Aires, in Manhattan, auf den Balearen, im Weltkrieg
    (bei den Husaren),
wenn ich so abends meine Füße betrachte,
wo die sich schon überall befanden –
in der Wüste Iguidi, in den Anden,
in Grönland, auf Sumatra, Jamaika, Norderney,
auf christlich-sozialem Standpunkt, in der Tschechoslowakei,
auf dem Boden der Tatsachen, auf dem Gipfel des Mount Everest,
in Hammerfest, Bukarest, Budapest, Brest,
auf den Brettern, die die Welt bedeuten
(in Beuthen),
im englischen Garten, auf dem französischen Konsulate,
im ungarischen Restaurant, auf dem bayrischen Magistrate
waren meine Füße, und am Roten, am Schwarzen und am Kaspi-
    schen Meer;
sie sind gewandert hin und her,
sie haben gehabt weder Stern noch Glück,
sie schwollen an und wurden dick,
sie schwollen ab und wurden wieder normal,
meine Füße waren am Ural und in Transvaal,
meine Füße waren schon über- und überall – –
und wenn ich so abends meine Füße betrachte, meine wackeren
    braven biederen alten Füße,
dann meine ich immer, daß man sie endlich mal waschen müsse.

                                         George on Zola

WaS, Nr. 6 vom 7. Februar 1932, S. 9.

Scheinbare Idylle

Jeden Morgen, ehe ich meine Wirtschaft ankurbele,
den Ofen heize und das Frühstück mir bereite,
jeden Morgen, ehe ich meine Wirtschaft ankurbele,
lege ich mich noch ein bißchen auf die andere Seite –
und dann träume ich, es wäre schon alles angekurbelt,
der Ofen geheizt – und a l l e Leute hätten Kohlen,
und alle Leute hätten Frühstück, und jeder hätte sonntags sein
   Huhn im Topf,
und alle Leute hätten heile Sohlen,
und alle Menschen kurbelten nach der gleichen Seite,
und nicht die einen nach rechts und die anderen nach links,
(denn wenn alle nach derselben Seite kurbelten, ihr Leute,
um die Wirtschaft anzukurbeln, dann vielleicht ging's!) –
und es gäbe keine Parteien –
und wenn, so täten sie sich nicht entzweien,
entdreien – entsiebenundzwanzigen – ent – was weiß ich, wie
   viel – –
und im Reichstag würfe man sich kein Gestühl an die Köpfe
und keine Telephonapparate, Kronleuchter und Spucknäpfe,
sondern Blumensträußchen
und die Köpfe wären wirkliche Köpfe – – –
ja, und alle Menschen hätten Arbeit und Brot,
und es gäbe keine Krisen und keine Not,
und alle Menschen wären froh – – – – – !

Aber es ist nicht so!
Und darum fällt es mir jeden Morgen schwer aus dem Bett zu pur-
   beln,
um meine Wirtschaft anzukurbeln.

Hochachtungsvoll
                                          George on Zola

P.S.:
»Purbeln« ist ein Druckfehler, es muß »Purzeln« heißen. Aber wenn es »Purzeln« hieße, dann müßte meine Wirtschaft »angekurzelt« werden. Und sie ist schon so kurz gehalten, daß es nicht kürzer geht.

Ergebenst D. O.

WaS, Nr. 7 vom 14. Februar 1932, (?)

Das Lied vom kleinen Mann
von Peter Paul Althaus

Der kleine Mann
kriegt dann und wann
den Größenwahn.

Und das ist gut so und gerecht –
dem kleinen Mann geht's immer schlecht,
drum muß er ab und zu einmal
ausmisten diesen Schweinestall.

Das tut er dann,
der kleine Mann,
per Größenwahn.

Der kleine Mann
muß dann und wann
den Größenwahn bekommen.
Der kleine Mann lebt stets beklommen,
stets eingeengt, stets unterdrückt –
der kleine Mann wär' längst erstickt,
wenn er nicht laut von Zeit zu Zeit
Luft machte seiner Wenigkeit,
damit er s i c h auch mal vernimmt,
anstatt nur andres, was nicht stimmt.

Das tut er dann,
der kleine Mann
per Größenwahn.

Dann schimpft er auf die Obrigkeit,
so Uniform, so Priesterkleid,
dann flucht er auf den lieben Gott
und prophezeit den Staatsbankrott,
dann würde er das Vaterland

erretten mit der linken Hand,
wenn man ihn einen einz'gen Tag
regieren ließe, wie er mag – –
er würde uns schon führen.

Man läßt ihn nicht regieren.
Und das ist gut so und gerecht;
der kleine Mann regierte schlecht.

Jedoch:
Verachtet nicht den kleinen Mann.
Der kleine Mann
b r a u c h t dann und wann
den Größenwahn.

Theodor

Das war der wilde Theodor,
der hatte nur ein einzig' Ohr.

Das andre hatte er im Zorn,
im Zorn hatt' er das Ohr verlor'n.

Er hatte es sich selber einst,
er hatte es sich selbst – was meinst –

was meinst du wohl, was Theodor
getan mit dem verlor'nen Ohr?

Er riß das Ohr sich selber aus
und fraß es auf als Ohrenschmaus,

mit Zwiebeln, Pfeffer, Senf und Salz
und mit dem ganzen Ohrenschmalz.

S' kommt Gott sei Dank sehr selten vor,
daß jemand frißt sein eignes Ohr.

Bei Theodor war dies der Fall:
der Theodor war nicht n—ohr—mal.

Wir machen jetzt auch Schluß darum
mit diesem Ohratorium.

George on Zola

WaS, Nr. 9 vom 28. Februar 1932, S. 5.

Und die Frau ...

Das Schlagermädchen Lola

Unser Mitarbeiter G e o r g e o n Z o l a ist von der Fülle der Zuschriften schier erdrückt worden, die ihn mit der Frage bestürmten, ob er nicht vielleicht mit dem Käse G o r g o n z o l a verwandt sei oder aus G o r g o n –z o l a stamme. Es hat sich einwandfrei herausgestellt, daß er mütterlicherseits von dem Dichter Z o l a, väterlicherseits aber aus G a r g a n t u a stammt, eigentlich G e o r g e v o n Z o l a hieß und das ›v‹ während der Inflation verloren hat. Mit den verwickelten Problemen des Namens aber setzt er sich in diesem Schlager auseinander:

Die Schlagerfabriken, die armen,
die brüten ohn' Unterlaß
(fast wie Geflügelfarmen)
und fabrizieren was,

und fabrizieren Schlager,
(was sollten sie sonst fabrizier'n?),
und die Schlager gehen franko ab Lager
direkt in dein Gehirn.

Die Mädchen aus Kötzschenbroda
sind sicher genau so schön
(oder die aus Friedrichsroda)
wie die blumigen Südseefeen.

Doch wirken nach Schlagergesetzen
nur Mädchen, die völlig fremd
und nicht von hiesigen Plätzen,
sonst fühlte man sich gehemmt.

Drum heißen sie auch nicht Auguste
(und Anna oder Sophie),
sondern Lola und Languste
und Lu und Donna und Ly.

Das Schlagermädchen Lola,
(davon hat die Schlagerfabrik
nicht die geringste Ahnung
und das ist wirklich ihr Glück –)

Das Schlagermädchen Lola,
das müssten sie mal sehn!
Sie wohnt in Gorgonzola
(in Oberitalien)

in der Via del Balsami,
im dritten Stock (Hinterhaus);
sie nährt sich bloß von Salami
und sieht auch genau so aus.

Es riecht nicht gut in der Wohnung,
weil die Käsefabrik nebenan;
(ein Fremder zieht besser zur Schonung
seiner Nase 'ne Gasmaske an.)

Doch das Schlagermädchen Lola,
das riecht nach Rosenodör,
(denn ein Schlager von Gorgonzola
würde niemals populär).

George on Zola

WaS, Nr. 10, vom 6. März 1932, S. 7.

Das Lied vom Deutschen
(Vor jeder Wahl zu singen)

Fest steht und treu die Wacht am Rhein,
hie rechter und hie linker Verein,
und in der Mitte die Mittelpartei'n,
drum tritt gefasst und hoch das Bein,
wir wollen rechte Deutsche sein: –
Deutsche, schlagt euch die Schädel ein!

Es geht nichts über gesunden Krach,
unsren Krach, den macht uns keiner nach.
Das wär' ja noch schöner, wenn wir uns verständen
und uns als D e u t s c h e zusammenfänden!
Nein, Brust heraus und Bauch herein: –
Deutsche, schlagt euch die Schädel ein!

Wenn's gegen uns selbst geht, dann sind wir einig.
Alle Parteien haben recht, aber jede alleinig;
jede weiß, was bei andren Parteien nicht gut ist,
wir ruhen nicht eh'r, als bis alles kaputt ist!
Damit die andren Länder blühn und gedeihn: –
Deutsche, schlagt euch die Schädel ein!

George on Zola

WaS, Nr. 11, vom 13. März 1932, S. 10.

Vorspruch zum Goethejahr

Alle Forscher sind schon da,
jetzt beginnt das Goethejahr.
Professoren
und Doktoren
deuten, drehen
oder bohren
je nach Fach und Fakultät
an dem, wie es bei Goethe steht.
Sehr gelehrte
lange Bärte
brabbeln, quasseln
in dieselben
und vermelden
und verfechten,
was sie über Goethe dächten.

Hei, was wird man alles hören
von gelehrten Professören!
»Goethe und das –«
»Goethe als – – –«
tuen sie gewichtig kund das
(überzeugt, aus vollem Hals,
mit dem Unterton: »Wir müssen
es ja immerhin wohl wissen,
denn wir haben es studiert)
was an Goethe intressiert.

W e n n m a n G o e t h e e i n m a l l ä s e
Wär'n die Professoren böse,
weil sie, die gelehrten Herren,
nämlich überflüssig wären,

insbesondere und sogar
grade jetzt im Goethejahr*.
Goethe denkt von diesen Dingen
höchstwahrscheinlich: »– – – Berlichingen!«

Peter Paul Althaus
im »Simplicissimus«

WaS, Nr. 12 vom 20. März 1932, Seite 2.

* *Goethe starb am 22. März 1832.*

Skandalöse Chronik

Neulich kam aus Boston eine Dame
Und bezog in Nizza ein Hotel.
Mrs. Smedley Fowler war ihr Name;
Und sie spielte und gewann – oh, well!
Aber bald drauf ward ihr angst und bang
Und sie warf die siebzigtausend Francs
Zum Fenster hinaus!
Dort der Reichtum, hier der größte Jammer,
Unbescholtenheit ist eine Zier;
Braucht man Geld, erschlägt man mit dem Hammer
Bürstenbinder oder Juwelier.
Und wer das nicht tut und hat kein Geld,
Nimmt den Gasschlauch oder aber fällt
Zum Fenster hinaus!
In Amerika herrscht jetzt der Gangster,
Nach dem guten Vorbild Al Capones;
Vor Entdeckung hat gar keine Angst er,
Wartet ruhig seines Sündenlohnes.
Lindberghs Baby, rosig, rund und fett,
Trug man abends einfach aus dem Bett
Zum Fenster hinaus!
Wirtschaftsbund verspricht uns längst Tardieu schon.
– Wie hilft Gott, bis er geholfen hat? –
Ist es nicht inzwischen trop tard, Dieu!, schon?
Jedenfalls wird man davon nicht satt?
Wer es ernsthaft meint, hilft uns schon heute,
Oder spricht man dort nur für die Leute
Zum Fenster hinaus?!!

»Götz von Berlichingen«

WaS, Nr. 12 vom 20. März 1932, Seite 11.

Die Dame mit der silbernen Autohupe

In ein Café kam eines Abends gegen halb neun
eine vollständig nackte Dame herein
und setzte sich ohne jegliche Scham
an einen Tisch. Alles glotzte. Sie aber nahm
die Glotzer durch eine goldene Lorgnette unter die Lupe
und dann blies sie auf einer silbernen Autohupe:

*

Ich denke dein, wenn mir der Sonne Schimmer
Vom Meere strahlt;
Ich denke dein, wenn sich des Mondes Flimmer
In Qualen malt.
Ich sehe dich, wenn auf dem fernen Wege
Der Staub sich hebt;
In tiefer Nacht, wenn auf dem schmalen Stege
Der Wandrer bebt.
Ich höre dich, wenn dort mit dumpfem Rauschen
Die Welle steigt.
Im stillen Haine geh ich oft zu lauschen,
Wenn alles schweigt.
Ich bin bei dir, du seist auch noch so ferne,
Du bist mir nah!
Die Sonne sinkt, bald leuchten mir die Sterne.
O, wärst du da!

*

P.S.:
Wäre die verführerische Einleitung mit der nackten Dame nicht gewesen,
so hätten Sie wahrscheinlich das schöne Gedicht von Goethe nicht gelesen.
Vielleicht haben Sie es in der Schule sogar auswendig lernen müssen
und wollen seitdem von Goethe und den Klassikern nichts mehr wissen.

Aus diesem Grunde haben wir Ihnen Goethe einmal anders vor-
 gesetzt,
sozusagen in einer pikanten Tunke. Wenn Sie Zeit haben, lesen
 Sie jetzt
das Gedicht bitte noch einmal ohne Reklame
mit der silbernen Autohupe und der nackten Dame.

Hochachtungsvoll

George on Zola

Das Lied
vom Innenleben der Hose

Was weißt, oh Onkel Theo du, von dem Innenleben deiner Hose?
Wenn du nicht lügen willst und ehrlich bist – du kennst es nicht!
Das Innenleben deiner Hose ist noch ungeklärter als das Seelenleben der Mimose,
es ist ein ungelüftetes Geheimnis, das – wenn überhaupt – nur dunkel spricht.
Du mußt, oh Mensch, mich, bitte schön, nicht missverstehen:
die Beine, die in deiner Hose wandeln, sitzen oder gehen,
sind nicht das Innenleben deiner Hose, und erst recht nicht dein Gesäß.
Hast du, oh Mensch, in deine Hose jemals intensiv hineingesehen,
hast du je unternommen, deine Hose einmal umzudrehen?
Nein! Und deswegen sahst du niemals deiner Hose Innerstes.
Du klemmst sie abends in den Hosenspanner oder hängst sie über einen Bügel,
du schmeißt sie in die Ecke, je nachdem du ordentlich veranlagt oder nicht;
und wenn du viel für deine Hose tust, so streichelst du von außen sie mit einer Bürste oder einem Pferdestriegel.
Doch hast du keine Ahnung, was das Innenleben deiner Hose dazu spricht.
Du lebst mit ihr in engster Symbiose –
Und was, oh Mensch, was weißt du von dem Innenleben deiner Hose?
Ich gebe zu, ihr zugeknöpftes Wesen
verhindert es, in ihrem Inneren zu lesen,
doch andrerseits, du würdest und man würde es ihr sehr
verargen, wenn sie offen wär'.
Vielleicht ist sie des Nachts in ihren Träumen eine Wind- beziehungsweise Wasserhose,
und ist, wenn du sie morgens anziehst, überhaupt noch nicht zurück aus ihrer Traummetamorphose;

vielleicht hat deine Hose eine richtiggehende Psychose,
ist schizophren bereits durch die Konflikte zwischen dir und ihr!
Wie oft, zum Beispiel, mag sie wohl von Schnaps-, Wein-, Bier-,
von Knoblauch- oder Zwiebelduft
betäubt ohnmächtig liegen in Narkose –
du aber zwingst sie auszugehen, du, der du Zwiebeln oder Knoblauch frißt!!

Ich bitte herzlich, sorgt dafür,
daß ihr ein wenig mehr vom Innenleben eurer Hosen wißt!

Peter Paul Althaus

WaS, Nr. 18 vom 1. Mai 1932, S. 9.

Nach der Althausbiographie Jobst A. Kissenkoetter dürfte dieses Gedicht bereits in Münster entstanden sein.

Die dreizehnjährige Mörderin

Das in der »Welt am Sonntag« mit so viel Geschick und Erfolg eröffnete »Lyrische Reklamebüro« von G e o r g e o n Z o l a läßt seinem ersten Propagandakampf (»Die Dame mit der silbernen Autohupe«) hier den zweiten folgen.

I.
Blut spritzte hoch und knirschend barst sein Schädel.
Die Mörderin, ein dreizehnjähr'ges Mädel,
hohnlachte grausam und dann wischte
sie sich die Hände an der Schürze ab,
worauf sie seelenruhig ein Stück Wurst aus ihrer Suppe fischte,
die es zum Mittagessen gab,
und dann – dann sprach sie mit verträumtem Ausdruck im Gesicht
und einem sanften Wehmutlächeln dieses folgende Gedicht:

»Wie die Tage macht der Frühling
auch die Nächte mir erklingen;
als ein grünes Echo kann er
bis in meine Träume dringen.

Nur noch märchenhafter flöten
dann die Vögel, durch die Lüfte
weht es sanfter, sehnsuchtmilder
steigen auf die Veilchendüfte.

Und mir selbst ist dann, als würd' ich
eine Nachtigall und sänge
allen Rosen meine Liebe,
träumend sing' ich Wunderklänge.«

II.
Da hätten wir Dir, diesmal mit Mord und Totschlag eingeleitet,
lieber Leser wieder mal ein gutes Gedicht unterbreitet.
Was Du diesmal, angeregt durch eine dreizehnjährige Mörderin,
    gelesen,
ist ein Gedicht von Heinrich Heine (1797 – 1856) gewesen.
Es spräche für Dich und es würde mich freu'n,
läsest Du das Gedicht für sich jetzt noch mal allein.

P.S.:
Nebenbei: Das Opfer der dreizehnjährigen Mörderin
war bloß ein harmloser Floh.
Womit ich ohne mehr für heute bin.
Hochachtungsvoll ppa. Lyrikreklamebüro.

George on Zola

WaS, Nr. 19 vom 8. Mai 1932, S. 9.

Der aufmerksame Leser wird schnell bemerkt haben, dass PPA das Gedicht nicht vollständig wiedergegeben hat. Es stammt aus der Sammlung ›Neue Gedichte – Neuer Frühling‹:

Wie die Tage macht der Frühling
Auch die Nächte mir erklingen;
Als ein grünes Echo kann er
Bis in meine Träume dringen.

Nur noch märchensüßer flöten
Dann die Vögel durch die Lüfte
Weht ein sanfter, sehnsuchtsmilder
Steigen auf die Veilchendüfte.

Auch die Rosen blühen röter,
Eine kindlich güldne Glorie

Tragen sie, wie Engelköpfchen
Auf Gemälden der Historie –

Und mir selbst ist dann, als würd ich
Eine Nachtigall und sänge
Diesen Rosen meine Liebe,
Träumend sing ich Wunderklänge –

Bis mich weckt das Licht der Sonne
Oder auch das holde Lärmen
Jener andren Nachtigallen,
die vor meinem Fenster schwärmen.

Das Lied von der Seele des Blumenkohls

Man sang im Lenz vom weißen Flieder,
das Veilchen priesen Frühlingslieder,
die Primel ward gelobt mit Tinte,
desgleichen auch die Hyazinthe.
Der Schachtelhalm fand seinen Sänger
(in einem Wünschelrutengänger),
die Gurke im Salatzustand
ward rühmend schon als Reim verwandt,
der Spargel ward dadurch geehrt,
daß man im Song ihn wachsen hört,
doch nie sang wer vom Karfiol,
dem sogenannten Blumenkohl.

Dem Blumenkohl, dem Blumenkohl,
dem ist es manchmal gar nicht wohl,
weil er in tiefster Seele spürt,
daß er ein Doppelleben führt.
Als Blumen-Kohl, da weiß er nicht:
Ist nun zu d u f t e n seine Pflicht
wie eine B l u m e, oder soll
er einfach als gemeiner K o h l
in braunen Küchentöpfen s c h m o r e n.

Wozu ist Blumenkohl geboren?
Man ißt ihn – gut. Er schmeckt – na schön,
doch könnte es doch mal geschehn,
daß platterdings und über Nacht
sein bessres Ich plötzlich erwacht,
und daß er selber sich zum Ruhme
sein Leben leben will als Blume. –

Was ist, so dächte mancher wohl,
was ist das für ein Blumenkohl?!
Was ist mit Blumenkohl bezweckt,

wenn man ihn in das Knopfloch steckt!?
Das Knopfloch, allerbesten Falles,
zerrisse, und das wäre alles.

Dem Blumenkohl, dem Blumenkohl,
dem ist es manchmal gar nicht wohl,
weil er in tiefster Seele spürt,
daß er ein Doppelleben führt.
Er trüge nicht an dieser Bürde,
wenn man ihn anders nennen würde.

George on Zola

GOETHE AKADEMIE
oder
Es ist allmählich zum Kotzen

Geheimrat Professor Dr. Gwschendter: »Goethe und die Sozialversicherungsrenter.«
Geheimrat Professor Dr. Schreyer: »Goethe und die Erbschaftssteuer.«
Professor Dr. Caspi-Wien: »Goethe und das Aspirin.«
Professor Dr. Wilhelm Dieter: »Goethe und die Aftermieter.«
Professor Doctor Peiffer: »Goethe als Sportsmann, insonderheit als Marathonläufer.«
Geheimrat Professor Dr. Märzenbier: »Goethe und das Closetpapier.«
Professor Dr. Alois Vischer: »Goethe und die automatischen Scheibenwischer.«
Professor Dr. Hille-Genf: »Goethe und der bayrische Tafelsenf.«
Professor Dr. Amandus Gallinus-Turin: »Goethe, seine Getränke und sein Urin.«
Professor Dr. Fichtenberger: »Goethe und der tägliche Ärger.«
Professor Dr. Adam Riese: »Goethe und die Dauerkrise.«
Dr. h.c. Emil Ludwig: »Goethe und ich.«
Professor Dr. Pikelson-London. »Goethe und die Blonden.«
Professor Dr. McJefferson-Manhattan. »Goethe und die Brünetten.«
Dr. Baby, korr. Mitglied der Universität Yale. »Goethe und Kusekkes Kindermehl.«
Hermann Bahr. »Goethe und das Goethejahr.«
Geheimrat Professor Dr. Sämer: »Goethe als Arbeitnehmer.«
Geheimrat Prof. Dr. Streber: »Goethe als Arbeitgeber.«
Professor (der Zoologie) Dr. W. Jötsch-Chile: »Goethe als Bücherwurm und Bibliophile.«
Professor Dr. Hans Frieden: »Goethe und bei Indianern das Vorkommen von Hämorrhoiden.«
Geheimrat Professor Dr. Schlick. »Goethe als Katholik.«
Geheimrat Professor Dr. Hadubrand: »Goethe als Protestant.«

Geheimrat Professor Dr. Botho Kude: »Goethe als Jude.«
Schriftleiter Baldur Odin Irinfried: »Goethe als unser Parteimitglied!«
Prof. Dr. h.c. Thomas Buddenbrooks: »Inwiefern benutzte Goethe zu seiner Italienreise platterdings eine Kutsche und nicht den DoX?«
Ina Wunschkind-Berlin. »Goethe als Hölderlin.«
Oberstudienrat Gorgon Zola: »Faust« vierhändig bearbeitet für das Pianola.
Professor Dr. Stanislaus Hirth: »Hat Goethe überhaupt existiert?«
Professor Dr. Ladislaus Wirth: »Warum sich Kollege Hirth in seiner Annahme irrt.«
Und zum Schluss Professor Dr. Klug-Buenos-Aires: »Goethe und das Geseires.«

Peter Paul Althaus

WaS, Nr. 23 vom 5. Juni 1932, S. 3.

Was ist ein Wirsch?
»Hilfe Erika!« ruft George on Zola

Was ist ein oder eine »Wirsch«?
Eine Abart vom Hirsch?
Wenn ja – sah
je ein Jäger dort oder da
auf der Pirsch
in Europa oder Afrika oder in Asien
den (?) die (?) das (?) »W i r s c h«
wandeln oder grasien?

Niemals war in den genannten Jagdgründen
bis jetzt ein Tier namens »Wirsch« zu finden.
Auch eine Rundfrage beim Tiersch-
utzverein förderte nichts zu Tage
über den »Wirsch«.

Ist »Wirsch«
vielleicht ein Schnaps
ähnlich dem Kirsch?
Wenn ja – könnte man ihn aus Destillerien
glas- oder flaschenweise beziehen?
Frage aber mal in Destillerien,
wenn auch nur zum Spaß,
nach einer Flasche oder einem Glas
»Wirsch« –
man wird dir sagen, du meinst gewiß Kirsch!
Niemals war in Destillerien »Wirsch « zu kaufen,
niemals sah jemand jemanden einen »Wirsch« saufen.

Was also ist »Wirsch«?
Viele Gelehrte (Linguisten),
die ich gefragt, antworteten,
daß sie es nicht wüßten.

Gibt es überhaupt »Wirsch«?
Sämtliche Zoologieprofessoren,
die ich gefragt, behaupteten,
der »Wirsch« wäre entweder ausgestorben
oder noch nicht geboren.
Sämtliche Philologen
wiesen durch Wörterbücher nach,
dies Wort sei in die deutsche Sprache nicht einbezogen.

Ich denke mir, »Wirsch« ist kein Ding,
sondern eine Eigenschaft, ein Attribut,
so irgendetwas wie »freundlich« oder »gut«,
denn jedermann weiß, was u n w i r s c h bedeutet,
wohingegen die Deutung von w i r s c h einige Schwierigkeiten
    bereitet.
Wenn es jedoch unwirsch gibt, so muß es auch wirsch geben.
Aber so ist das Leben:
Wirsch wäre etwas Angenehmes und Freundliches
und Nettes und Ungetrübtes,
unwirsch ist etwas Ekelhaftes und Feindliches;
wirsch gibt es nicht, aber unwirsch gibt es.

WaS, Nr. 24 vom 12. Juni 1932, S. 9.

Lob des Chiemsees

Es wird heute so viel geschimpft, und die sogenannte Gebrauchs-
 lyrik weiß immer nur gehässig zu sein und zu toben,
und damit ist doch gerade am Sonntag niemandem gedient, und
 darum will George on Zola mal ein bißchen loben.
George on Zola lobt nicht die Menschen; erstens verdienen sie es
 nicht und zweitens werden sie eitel, wenn man sie nicht preist;
George on Zola will ein Loblied singen auf ein Stückchen Natur,
 welches der Chiemsee heißt.

Der Chiemsee ist wie der Lago Maggiore, südlich und bunt,
nur dient ihm nicht der Col di Soundso, sondern die Kampenwand
 als Hintergrund.
Der Chiemsee kann von Glück sagen, daß er die Kampenwand als
 Hintergrund hat,
sonst fände er nämlich ganz ohne Hintergrund statt.
Seen müssen aber Hintergründe haben, mindestens einen besse-
 ren Hügel,
zum einen für den Fremdenverkehr und zum anderen für den
 Wasserspiegel.

Wenn es regnet, dann wird der Chiemsee leider grau und dann ist
 er weniger schön,
auch dient ihm dann die Kampenwand nicht als Hintergrund, son-
 dern ist dieselbe überhaupt nicht zu sehn.
Manche Leute, Fischer z. B., lieben dieses Wetter, denn sie behaup-
 ten, bei Regen
seien die Fische am leichtesten zum Anbeißen zu bewegen.
Es gibt viele Fische im Chiemsee, den Hecht, den Weißfisch, den
 Barsch – ja einige Fischer tuscheln
sogar von Sardinen, Sardellen, von Kaviar und von Perlenmu-
 scheln.
Über den See fliegen Vögel, das Wasserhuhn, die wilde Ente und
 die Seeschwalbe;

aus dem Dreck der letzteren macht der Volksmund eine gute Hühneraugensalbe.
Die Wasserhühner sind stolze Tiere, sie recken die Hälse und tun so, als wären sie Schwäne;
ja die Wasserhühner sind stolze Tiere, besonders die Männchen, die Wasserhähne.
Die wilde Ente sitzt meist im Rohr versteckt und nascht einen Wurm oder hascht nach einem Insekt,
welches, cum grano salis, ihr wie uns sie selber schmeckt [sic!]
Dann gibt es noch den Regenpfeifer. Dieser pfeift bei Regen auf den Regen, und wenn die Sonne scheint,
pfeift er auf den Sonnenschein, wobei er aber immer dasselbe meint.
Und dann sind die Geräuscheffekte noch da, das Rauschen im Schilf und das Röhren im Rohr,
das kommt aber nur, wenn der Wind weht, vor.
Manchmal wird der Wind zum Sturm und nimmt den Chiemsee tüchtig her,
dann gebärdet sich der Chiemsee, als wär er das Meer.

Und wenn der Wind sich gelegt hat (wo legt der Wind sich eigentlich nieder?),
dann ist der Chiemsee der Chiemsee wieder.
Zusammenfassend ist der Chiemsee südlich, bunt, grau bei Regen, doch immer interessant.
Gott segne ihn und die Kampenwand und überhaupt das ganze Bayernland.

WaS, Nr. 25 vom 19. Juni 1932, S. 5.

»FRANKENSTEIN«
In deutscher Fassung

Der Film »Frankenstein«, in dem bekanntlich amerikanisch gesprochen wird, was nicht jeder versteht, –
wird jetzt, um diesem Übelstande abzuhelfen, in deutscher respektive bayrischer, um nicht zu sagen Münchener Fassung gedreht.–
Im Großen und Ganzen wird die Handlung so belassen wie in der amerikanischen Version, –
nur einige kleine Änderungen werden vorgenommen, hier ein Kind beim richtigen Namen genannt, da ein offener Ton; – –
z. B. erhält die deutsche Fassung ein kleines Vorspiel, einen Vorspann wie man das filmisch bezeichnet, –
in dem ein gewisser Schauspieldirektor Pape (weil er sich künstlerisch nicht eignet –
dann aber auch vor allem, weil das sittliche Empfinden bei ihm nicht genügend ausgeprägt, –
und weil er es [was noch viel schlimmer] vertragsgemäß nicht genügend zu Schau stellt oder trägt; – –
u. a. ist sein sittliches Empfinden so zusammengeschrumpft oder verkleinert,
daß er, horribile dictu, nicht nur in zahmer, sondern auch in wilder (!) Ehe (hört, hört!) weibert, gesangert und w e i n e r t ,–
welch letzteres rechtlich denkende Leute (und eigens dafür angestellte Detektive) nicht ruhig läßt schlafen. –
Pape purzelt über den in seinem Vertrag enthaltenen Sittlichkeitsparagraphen –
und – wo waren wir doch stehen geblieben, ja –) Vorspiel, in dem besagter Pape in der Versenkung verschwindet, –
womit der Fall Pape respektive das Vorspiel zu »Frankenstein« seine Erledigung findet. –

* * *

Und nun tritt »Frankenstein« in Wort und Ton –
und in deutlich deutscher Fassung in Aktion. –
Auch in der deutschen Fassung wird »künstlich ein Mensch gemacht«, –
zwar nicht bei Gewittern und nicht in finstrer Mitternacht –
kein Mörder, wie in der amerikanischen Fassung, sondern im hellen Rampenlicht und in aller Öffentlichkeit –
macht sich in der deutschen Fassung des Films als künstliches Geschöpf Frankensteins eine Sängerin breit -
und zwar weil (das ist der tiefere Sinn von »Frankenstein«) –
ihr Erzeuger, Schöpfer, Manager oder, wie man es nennen soll, entzückt ist von ihrem schlanken Bein –
Frankenstein klopft und knappert auf den Busch –
und husch, husch –
wird die Sängerin losgelassen, Abend für Abend, auf unser Trommelfell, –
singt alle Rollen, die ihr eventuell –
oder auch nicht eventuell liegen könnten, von Rienzi bis Parzival –
und zwar unglaublicher Weise unter dem Namen der bekannten Sängerin Maria Nezadal. —
Wir fragen, was soll uns die Sängerin, –
deren tieferer Sinn –
darin besteht, daß Frankenstein –
eine Zuneigung hat zu einem schlanken Bein ?! –

Ein schlankes Bein (ja selbst zwei schlanke Beine) sind noch kein Grund zum Singen. –
Das Singen will der künstlichen Sängerin übrigens auch nicht recht gelingen, –
denn ein Kritikersprechchor, der wie eine einzige Stimme klingt, –
versichert ihr egalweg, daß ihr das Singen nicht gelingt. -- --
Nichtsdestoungeachtet läßt Frankenstein seine künstliche Sängerin unentwegt weitersingen, bis sie zuletzt –
mit ihrem Singen beinahe dem Faß (fabelhafter ganz neuer Geräuscheffekt) dem Faß die Krone aufsetzt. –

Diese ewige Singerei wird nun auf die Dauer langweilig, sozusagen ein fauler Zauber –
man kennt diesen Betrieb bereits von anderen Star-Tonfilmen her,
z. B. von den Filmen mit Richard Tauber –
die bloß geschrieben und gedreht werden, damit die Sänger singen können und in denen die Handlung ganz egal ist, -
und so würde auch der deutsche »Frankenstein« der Gefahr verfallen, daß er ganz einfach ein Neza-skan-dal ist, -
aber in diesem Moment hat die Regie einen Einfall, der ist nicht von Pappe, –
plötzlich öffnet sich eine Klappe –
und aus dieser steigt heraus etwas Monumentales –
und das ist der Schatten des Prinzen of Wales –
und vor dem Schatten des Prinzen geistert ein elfenhaftes Wesen mit Sexappeal, zu Deutsch Liebreiz, –
das mit dem Prinzen nebenbei verwandt ist, und zwar mütterlich-hausfreundlicherseits –
P e n e l o p e ward dies englische Wesen getauft in der deutschen »Frankenstein-Version« –
und ihr wird die gesamte Filmmusik gewidmet laut Dedikation. –
Mit diesem Regieeinfall wird dann erreicht, was man bezweckt; --
die künstliche Sängerin wird ein bißchen überdeckt. –

* * *

Über den eigentlichen Schluß der deutschen Fassung sind die Ansichten geteilt;
– die einen sind der Meinung, daß »Frankenstein« sein Schicksal ereilt –
wie den Frankenstein in der amerikanischen Fassung, – –
die anderen sind für seine Belassung. –
Wie gesagt, zur Zeit wird an dem deutschen »Frankenstein« noch gedreht; --
es ist nur die Frage, ob er vor der Zensur besteht. –
Die Zensur wird vom Kultusministerium ausgeübt und gepflegt –
und die deutsche Fassung »Frankenstein« ist dort noch nicht vorgelegt. –

Die Zensur ist furchtbar streng, denn das Vorspiel mit dem Schauspieldirektor, der da weinerte, –
war für das sittliche Empfinden, das verfeinerte –
der kultusministeriellen Zensur bereits so anstößig und so anrüchig und so unsittlich, –
daß sie das ganze Vorspiel einfach gestrichen hat, kurzerhand und unerbittlich. –

* * *

Was wird also, so darf man sich voller Spannung fragen, –
die Zensur erst zu dem Hauptfilm »Frankenstein« sagen??

Emelkus

Das neue Rheinlied
Zur Enthüllung des »Vater Rhein« am kommenden Mittwoch

Lieb Vaterland, magst ruhig sein,
fest steht und treu der Vater Rhein
von Herr Professor Hildebrand –
magst ruhig sein, lieb Vaterland,
fest steht der Rhein am Isarstrand.

Er stand in Straßburg an der Ill,
doch weil er Frankreich nicht gefiel,
nahm Deutschland höflich ihn zurück
im Tauschweg für ein andres Stück.
Man tauschte gegen Vater Rhein
Ernst Webers Meisenpfeifer ein;
vielleicht mit dem geheimen Wollen,
daß die Franzosen tanzen sollen
nach dieses Meisenpfeifers Weise.
Er lockte aber keine Meise,
erst recht noch keine Friedenstaube
bis heut vom Ofen weg. Ich glaube,
daß er mit seinem weisen Lied
sich ganz vergeblich drum bemüht,
und bliese er auch noch so lange –
doch bleiben wir schon bei der Stange,
um auf den Rhein zurückzukommen,
den wir kulant zurückgenommen:

Die Hinterhacke kühn heraus,
als lüde er zu Götzens Schmaus
(war das der Grund für Gallien,

daß Vater Rhein missfallien?)
so steht er da, der Vater Rhein,
mit seinem Hinterbein aus Stein,
als wollt' er sagen, wie gesagt
(was den Franzosen nicht behagt)
als wollt' er sagen: – – – (folgt Zitat)

Drum wußte Münchens Magistrat
sehr lang nicht, wo des Rheines Vater
– weil äußerst bildlich das Zitat er
zum Ausdruck bringt – an welchem Ort
er stehen sollt', denn Götzens Wort
war immer doch an den gewandt,
vor dem der Vater Rhein nun stand.

Aus diesem Grund, zu diesem Ende,
damit er an das Nichts sich wende,
stellt' man ganz frei des Rheines Vater
hin auf die Isarinsel Prater.
Für Vater Rhein, für Vater Rhein
muß d i e s ein d i e s a t e r sein.

Nicht immer stand, wie schon gesagt, der Vater Rhein
auf seinem Sockel hier von Stein,
welchselben übrigens, dies sei vorausgeschickt,
das Wort »Argentorato« schmückt.
Argentorato ist kein neues Mittel für Migräne,
Argentorato ist kein neues Präparat zum Putzen deiner Zähne,
Argentorato ist kein Name für Tabletten,
zum Dickwerden oder zum Entfetten,
Argentorato – dieses Wort ist dann erst zu verstehen,
wenn man im Lexikon hat nachgesehen.
Argentoratum, so hieß früher mal die Stadt,
die Straßburg jetzt zum Namen hat,

das heißt, jetzt, wider die Natur,
heißt Straßburg leider Gotts Straßbourg.
»Argentorato« auf dem Stein,
heißt, übersetzt aus dem Latein:
»Straßburg soll dieser Vater Rhein
gestiftet und gewidmet sein!«
Und diesethalb, weil dieser Vater Rhein laut der Beschriftung
Straßburg gestiftet – steht in München diese Stiftung.

Wer hat, so fragt im Lied ein witz'ger Bold,
den Käse eigentlich zum Bahnhof hingerollt?
Wer hat, so fragen w i r in dieser Angelegenheit betreffend Vater
    Rhein –
beziehungsweise, welchen Mutterwitzbold fiel es ein,
den Rhein so kühnlich in die Isar einzuleiten?
Das gibt doch sicher Grund für die Atlantenfabrikanten, irgend-
    wie gerichtlich einzuschreiten!
Wie dem auch sei
ganz einerlei,
selbst, wenn besagten Witzbolds Einfall
sich ganz zuletzt herausstellt als ein Reinfall,
das macht uns gar nichts aus, o nein,
dann nämlich haben wir nicht nur den Vater Rhein
aus Straßburg hier bei uns im Land,
dann hat man auch den Rheinfall, der bis dato bei Schaffhausen
    sich befand
gleich sehr bequem und ohne weitres hierzuland zur Hand.
So wächst und mehrt sich – heißa! – unsres Lands Bestand.
Auf diese Weise könnte Bayern heimlich, ohne daß es einer merkt,
    das ganze Preußen
zwar langsam aber sicher an sich reißen.

George on Zola

P.S.:
Dieses ganz leise argentoratenweise Einbeziehen von Preußen, wird von Einem nicht gutgeheißen. Nicht, dass sich jemand im Argentorathaus gegen das so Erworbene stemmte, nein, der von Kopf bis Fuß so rot gefor b e h n e Bismargentorato, der dem Vater Rhein gegenübersteht auf der drenteren Stelle, soll dagegen sein, gegen das argentorationelle.

WaS, Nr. 28 vom 10. Juli 1932, S. 3.

Am 13. Juli wurde der »Vater-Rhein-Brunnen« des Münchener Adolf von Hildebrand auf der Museumsinsel aufgestellt, der von 1902-19 in Straßburg stand.

Filmstars Auf- und Abstieg
In memoriam Bruno Kastner
von Peter Paul Althaus

Filmstars – – ein Irgendwas hat sie gemacht,
ein Lächeln, blanke Zähne, schlanke Beine,
ein Irgendwas, das strahlt und lacht,
von dem ein jeder sagt: Wenn meine
– was weiß ich – Arme, Beine, Zähne oder irgendwas
so aussehn, wie die ihrigen, dann wär ich selber das!

Sie müssen »Ideal« verkörpern; Kunzes Klärchen
will sich in ihnen sehn und Meiers Franz,
denn Meiers Franz will sein, wie Prinzen sind im Märchen
und Kunzes Klärchen wie die fleischgewordne Eleganz.

Man muß das Klärchen Kunze nicht belächeln diesetwegen, –
es hat ein jeder seine kleinen Eitelkeiten;
auch Meiers Kurt soll ruhig seine Prinzensehnsucht pflegen, --
es hat ein jeder seine schwachen Seiten.

Es hat ein jeder Mensch in seiner Seele so gewisse Stellen,
da hat der Wunsch, der Traum, die Sehnsucht ihren Platz;
selbst die Abortfrau'n sehn in ihren Zottelhaaren manchmal Dauerwellen
und insgeheim in einem Stammgast oder abgelegten Teddybären
 ihren Schatz.

Doch wollten wir von Filmstars sprechen, nicht von Kunzes Klärchen,
nicht von Kurt Meier, nicht von den Abortfrau'n mit den Dauerwellen,
nicht von den Wunschtraumschätzen oder mißgebrauchten Teddybärchen –
nein, von den mißgebrauchten Menschen, von den Filmstars wollen wir erzählen.
Die Filmstars – irgendwas hat sie gemacht,

ein Lächeln, schlanke Beine, blanke Zähne,
vielleicht mit einem Filmgewaltigen auch eine Nacht, –
und das, was sie gemacht hat, frißt wie eine gierige Hyäne
sie langsam auf – bis auf das Lächeln, auf das schlanke Bein,
und das, das müssen sie fortan zu Hause, auf der Leinwand, öffentlich und auf dem Lokus sein,
von Kopf bis Fuß,
nur Lächeln und nur schlankes Bein,
und sonst gar nichts!
Sie sind jetzt reinstes Fabrikat und ohne jeden fremden Zusatz
– garantiert!
Das schlanke Bein per se, das Lächeln im Extrakt;
Die Zähne werden maniküert und pediküert und patentiert –
und alles andere ist hoffnungslos versackt!

Mit ihrem Lächeldasein gehn sie auf dem schlanken Bein durchs
   Leben
und müssen singen: »Das ist viel zu schön, um wahr zu sein,
das kann das Leben ganz bestimmt nur einmal geben!«
Sie strahlen, machen Freude, und sie können über nichts sich selber freun.

Sie sind umstellt vom Stacheldrahtzaun ihrer falschen Prominenz,
sie können sich nicht mehr natürlich regen;
Der schöne Zahn, das schlanke Bein sind ihre Leistung und das
   dauert einen kurzen Lenz,
und dann, dann wird man sie ganz sachlich in das Fach »Erledigt«
   legen,

weil dann ein a n d r e s Lächeln Mode wurde,
ein andrer Typ von Bein die Kasse besser hat gefüllt;
Sie aber können nur, was Ihnen zur Methode wurde,
worauf man sie dressiert, zurechtgeschnitten und gedrillt.

Sie werden abserviert. Dann hört man lange nichts von ihnen. –
In irgendeinem kleinen Nest gastiert in einem Schützenhause eine
   Schmiere –

vier Karten dritter, eine Karte zweiter Platz – na ja, auch ohne des Direktors saure Mienen
weiß man Bescheid: Es ist vorbei. –
Nachts, wenn's am dunkelsten, so zwischen drei und viere,
hängt sich ein Mensch auf – an den Schnüren der Gardinen. – –
»Tragischer Selbstmord eines früh'ren Filmstars!« steht dann in den Zeitungen zu lesen.
Behüt dich Gott, es wär zu schön gewesen ...

»Der Dings ist tot!« – »Der – wer?«
»Der Dingskirchen.« – »Ach so, der Dingskirchen – na der,
der war doch schon seit Jahren abgebaut, –
Franz, sag doch endlich mal, wie findest du denn meine neue Regenhaut?*

*

Ihr Filmstarmännchen und ihr Filmstarfrauen,
es muss was Wunderbares sein'
wenn ihr mal seelisch könntet in den Spiegel schauen
und könntet sehn: Ich bin bloß blanker Zahn, bloß schlankes Bein.

Ihr Annys, Harrys oder wie ihr heißt,
ihr wüsstet dann sofort, wo euch das Mäuslein beißt,
Ihr wüsstet dann –, daß auch das Leben,
das restlos schuldig blieb, was ihr ihm – nicht gegeben.

*

Dem Mimen flicht die Nachwelt keinen Kranz.

*

* (Das obige Gespräch fand statt am Mittwochabend zwischen Kunzes Klärchen und dem Märchenprinzen Meier Franz.)

WaS, Nr. 29 vom 17. Juli 1932, S. 5.

Der bekannte und beliebte Filmschauspieler hatte sich am 30. Juni 1932 wegen schwindender Popularität mit 42 Jahren erhängt.

Lob der sämtlichen oberbayrischen Seen und der königlich bayrischen Ruhe

George on Zola hat an dieser Stelle vor kurzer Zeit
dem Chiemsee eine große und lange Hymne geweiht.
Vielleicht erinnert sich der geneigte Leser, beziehungsweise
die geneigte Leserin der Hymne, die George on Zola sang dem
   Chiemsee zum Preise?

Nun soll heute dem Lob des Chiemsees folgen das Lob der anderen
   oberbayrischen Seen,
des Würm-Ammer-Wörth-Kochel-Walchen-usw.-Sees, denn diese
   sind auch sehr schön.
Wenn nicht gerade ein stinkendes Auto oder knatterndes Motor-
   rad vorüberfährt,
so ist vor allem ihre himmlische Ruhe lobens- und bemerkenswert.

Diese himmlische Ruhe ist eine typisch bayrische Eigenart,
welche u. a. auch den Landeseinwohnern die königlich bayrische
   Ruhe bewahrt.

»O, wie wohl!« – spricht der Bayer, – »ist mir am Abend,
meine königlich bayrische Ruhe habend!«
(Selbstverständlich spricht der Bayer das nicht in diesem hochtra-
   benden Schriftdeutsch, sondern im Dialekt,
wobei ihm möglicherweise noch eine Virginia hindernd zwischen
   den Zähnen steckt.)

Aber nicht nur am Abend hat der Bayer seine königlich bayrische
   Ruhe,
sondern bereits am Morgen in der Fruhe.
Während des Frühstücks, des Mittagessens, der Brotzeit, des
   Abendessens und der Zeiten, die dazwischen liegen,
ist der Bayer niemals nicht aus seiner königlich bayrischen Ruhe
   zu kriegen.

Sein ganzes Leben ist von der königlich bayrischen Ruhe umwoben.
Selbstverständlich muß er sich, wie jeder Mensch, hin und wieder mal austoben,
aber sonst – selbst wenn er schläft, nachts, oder am Tage nach dem Essen
wird er niemals seine königlich bayrische Ruhe vergessen.

In Preußen müssen sie nach Artikel 48 Abs. 1 und 2 regieren –
und dabei wäre es doch nur nötig, ein bißchen königlich bayrische Ruhe nach dorthin zu impor-tieren,
denn hier gibt es kein Tempo, nichts »Schlagartiges« und kein wichtiges Getue,
hier wird nicht mit großem Geschrei auf der Stelle getreten, hier gibt es nur k.b. Ruhe.

Besonnenheit und gesunder Menschenverstand dazu,
das ist das Rezept für die königlich bayrische Ruh'.

Diese königlich bayrische Ruhe möchte man von Herzen allen denen gönnen,
die sich vor lauter Feuereifer noch mal die Schädel einrennen oder die »Pfoten« verbrennen.

Die kgl. bayrische Ruhe – hiermit beschließt George on Zola sein Gedicht –
die kgl. bayrische Ruhe ist in diesen aufgeregten Tagen die erste Bürgerpflicht..

WaS, Nr. 30 vom 24. Juli 1932, S. 2.

Offener Brief
bzw. offenes Gedicht

Sehr geehrter Herr Paul Brann!
Ein jeder preist, so gut er kann,
als Kaufmann seine Ware an.
Der Eine behauptet von seinen Zigaretten,
der Zweite von seinen Patent-Ehebetten,
der Dritte von seinen Abführtabletten,
daß sie nicht ihresgleichen hätten;
der Vierte sagt von seinem Malzkaffee,
der Fünfte von seinem Hühneraugen-Ade,
der Sechste von seinem Entfettungstee,
der Siebte sagt von seiner Margarine,
der Achte von seiner Schurrbartbrillantine,
der Neunte von seinen Kunstseidehosen,
der Zehnte von seinen Butterdosen,
der Elfte von seiner Haarwuchspomade,
der Zwölfte von seiner Kochschokolade – –

Kurzum, es behauptet ein jeder von seinen Handelsgegenständen,
daß sie prima primissima wären und nicht ihresgleichen fänden.
Nun gut, die Kaufleute haben recht, ihre Waren anzupreisen und
    zu annoncieren,
denn sie wollen verkaufen, verdienen und existieren;
Und darum sind ihre Handelsprodukte die allerbesten und uner-
    reicht,
und es ist selbstverständlich, daß ihnen an Güte, Qualität, Aus-
    führung usw. überhaupt nichts gleicht.
Aber kein Kaufmann, wenigstens kein anständiger, würde öffent-
    lich verkünden:
»Gehen sie nicht zu meinem Konkurrenten Soundso, weil sie da
    S c h u n d vorfinden!«
Nein, diese Art und Weise, sich anzupreisen,
findet man nicht in anständigen Kaufmannskreisen.

Diese merkwürdige Art und Weise, Reklame zu entfalten, hat sich ihr Marionettentheater, Herr Paul Brann, vorbehalten, indem auf ihren Plakaten zu lesen steht,
daß man, wenn man ihre Konkurrenz besuche, E n t t ä u - s c h u n g e n   e n t g e g e n g e h t.

Herr! Als anständiger Kaufmann und gar wenn man sich Künstler nennt, erst recht,
macht man, um das eigene Geschäft zu heben, seine Konkurrenten nicht schlecht!

Übrigens, was da auf ihren Plakaten von »Enttäuschungen« steht, ist durchaus nicht richtig,
denn die andern Münchener Marionettenbühnen, darf man wohl behaupten, sind auch ganz tüchtig.
Überlassen sie das Schlechtmachen der Konkurrenten und ähnliche unanständige Reklametaten
bitte künftighin den einzig dafür zuständigen Stellen – den Wahlplakaten.

Hochachtungsvoll

G e o r g e   o n   Z o l a

Der gelobte Preiss
Oder: Die silberne Maus von Altötting
von Peter Paul Althaus

Nach Altötting, dem bekannten Gnadenort,
kommen die Leute zu Fuß und zu Ford;
Einheimische von nah und Fremde von weiter her,
von den Bergen, aus dem Flachland und vom Meer;
zu Fahrrad, zu Pferdewagen und per Eisenbahnachse
kommen die Fremden, der Preuße, der Sachse,
per Cooks Reisebüro oder durch das Reisebüro von Scherl
kommt der Engländer und das american girl.

In Altötting gibt es zwei Dinge zu sehen,
an denen darf der Fremde nicht vorübergehen:
Die Gnadenkapelle der schwarzen Mutter Gottes, für diejenigen,
 welche frommen Herzens sind,
und für die weniger Frommen die Schatzkammer, darin man die
 Votivgaben find't.

Leider ist es nicht die Kapelle, sondern das Schatzkammergut,
welches die größere Anziehungskraft ausüben tut,
denn die Fremden, die nach Altötting kommen,
gehören meistens weniger zu den Frommen,
als vielmehr zu der neugierigen Sorte,
(sonst würden sie ja auch nicht reisen, sondern blieben an ihrem
 Heimatorte).

Diese neugierigen Fremden lassen sich vom Mesner durch die
 Schatzkammer führen,
und lassen den Mesner ihrerseits stets deutlich ihre aufgeklärte
 Überlegenheit spüren —
und zwar ihre aufgeklärte Überlegenheit
über die bayrische Rückständigkeit.

Bei den Votivgaben und bei den Opferstücken
können sie ihre aufgeklärte Überlegenheit nicht unterdrücken.
Da befindet sich zum Beispiel unter all den Monstranzen und silbernen Engeln
eine große silberne Maus – und die ist ein besonderer Anlaß, die bayrische Rückständigkeit zu bemängeln.
Eine Maus, die man der Kirche geweiht?
Tolle Sache! Nee, so was an Rückständigkeit!

»Saaren Se mal«, fragt den Mesner ein Berliner,
»wat soll den det bedeuten, Herr Kirchendiener?
Wat macht denn die Maus hier mang die Heiligen und Monstranzen?
Ne silberne Maus mang die Heiligen, nee, det is doch würklich die Krone vom Janzen!«

»Herr«, sprach der Mesner, »diese Maus in unsrem Kirchenschatz hat hier aus einem guten Grunde ihren Platz.
Vor langen Zeiten war ein Dorf von einer Mäuseplage heimgesucht,
die Mäuse fraßen alles auf – das Dorf schien wie verflucht –
in Scharen kamen sie gezogen, immer neue, immer mehr,
und fraßen alles, alles leer,
die Scheuern, die Kammern, das Korn und das Brot;
und das Dorf kam in große Hungersnot.
Und als die Not am größten stieg
in diesem furchtbaren Mäusekrieg,
da flehten die Bauern die Mutter Gottes von Altötting an
und gelobten: »Liebe Mutter Gottes, erbarm' dich, und wann
du uns erlösest von der furchtbaren Mäuseplage,
dann geloben wir, dir am selbigen Tage
die größte Maus, die wir gefangen,
in puren Silber nachgebildet an deinem Altare aufzuhangen. –
Und das ist geschehen,
und was sie hier sehen,
das ist die Maus, die man damals gelobt.«

»Komische Sache! – Und det wird gejloobt? Det soll jeholfen haben? So doof sin hier die Leute?«

»Lieber Herr Preiß«, sprach der Mesner, »wenn die Leute heute noch ebensoviel Gottvertrauen und Glauben hätten wie damals – i möchte mit Eahna wetten –
wenn die Leut hätten heut auch noch so einen gottvertrauenden Sinn,
dann hätten wir längst an silbernen Preißen in unserer Schatzkammer herinn.«

Kleine Abhandlung
vom inneren Schweinehund

Hiermit tue ich dir, o Deutscher, kund:
Es steckt in dir ein innerer Schweinehund!
Ich weiß diese Tatsache nicht aus eigenem Befund,
sondern aus des Herrn Reichswehrministers Mund,
und zwar sprach dieser es neulich funkisch rund.

Ich bin so veranlagt (ich weiß nicht, ob es allen so geht),
daß ich in Ehrfurcht ersterbe, wenn eine Autorität
etwas behauptet. Ich hoffe, daß nicht alle Leute so sind, –
aber wenn eine Autorität etwas behauptet, so glaube ich das blind.

Und so stehe ich jetzt jeden Morgen vor dem Spiegel und schaue
    hinein
und suche den Hund in mir und suche in mir das Schwein,
und suche vorn und suche hinten und drehe mich rund
und frage: Wo sitzt mein innerer Schweinehund?

Wie ich auch suche, ich kann ihn nicht entdecken.
Wo mag wohl mein innerer Schweinehund stecken?
Wo sitzt an, auf, hinter, bei, vor oder in mir
das vom Reichsminister genannte Doppeltier?

Ich habe meine Freunde gefragt, ob sie vielleicht
etwas in sich verspüren, was einem inneren Schweinehund gleicht?
Der eine sagte, er hätte manchmal in seinen Ohren ein Sausen
    und Surren,
der andere, er höre manchmal aus seinem Bauche ein Knurren,
aber was da in ihnen knurre und summe und klänge,
höre sich nicht so an wie das Bellen eines inneren Schweinehun-
    des, sondern mehr wie Notverordnungsgesänge.

Ist der innere Schweinehund vielleicht
die innere Stimme, die nicht zu allem kritiklos schweigt,
was von oben mit Stillgestanden! und Maulhalten! befohlen wird
 und gemacht – – – ?
Ich habe übrigens vom inneren Schweinehund geträumt in der
 vergangenen Nacht:

In seinem Löwengarten
das Kampfspiel zu erwarten,
saß Papen Franz.
Und wie er winkt mit dem Finger,
auftut sich der weite Zwinger,
und hinein mit bedächtigem Schritt
ein i n n e r e r S c h w e i n e h u n d tritt,
mit langem Gähnen
und streckt die Glieder
und legt sich nieder.
Da schmettert aus des Reichsministers Mund
ein heller Kommandoton: »Aufstehn, du innerer Schweinehund!
Stillgestanden! Bauch herein, Brust heraus!
Die Augen links! Augen geradeaus!
Augen rechts! Rührt euch! Stillgestanden! Knochen zusamm'!
Rechts um! Ohne Tritt marsch! – Dich werden wir gleich ha'm!
Dir werden wir schon den inneren Schweinehund austreiben,
so wahr wir vier Jahre Reichswehrminister bleiben!«

Und der innere Schweinehund exerzierte,
er re-bellte nicht, sondern er transpi- und pa-rierte;
jeder Befehl wurde stramm ausgeführt,
und als der innere Schweinehund ausexerziert,
da war er zwar noch immer ein innerer Schweinehund – aber
 dressiert.

Ich weiß mir diesen Traum nicht zu deuten.
Jedenfalls hoffe ich, daß es nicht allen Leuten
so geht, wie es mir geht:

blindlings glauben zu müssen, was eine Autorität
behauptet vom inneren Schweinehund.
Die mehreren – Herr Reichswehrminister – san g'sund!

Hochachtungsvoll
\hfill George on Zola

Fahrt ins Blaue

Wissen Sie, wie froh
Die Engländer waren,
Als man es ihnen spontan ermöglichte, ins Blaue zu fahren?
Die Sache war nämlich so:
Es wurden auf einmal neue Züge eingestellt,
Die fuhren (wie alle Züge) irgendwohinaus in die Welt,
Aber es steckt doch was besonderes drin,
Denn kein Schwein wußte, wohin!
Nur der Zugführer bekam einen versiegelten Brief
Und (damit nur keinem ein Wissen von der Fahrtrichtung unterlief)
Den scharfen Befehl (sonst hätte er nichts zu lachen!)
Ihn erst fünf Minuten nach der Abfahrt aufzumachen.
Wahrscheinlich dachten die Engländer an das Kinderlied zurück:
»Im Ungewissen, da wohnt das Glück!«
Jedenfalls: die Sache hat mächtig gezogen!
Hunderttausend Engländer haben sich vorgelogen,
Sie erlebten bestimmt ganz besondere Dinge,
Wenn sie nicht wußten, wohin es ginge.

*

Der Verkehr auf den neuen Zügen war so bewegt, –
Er hat schließlich sogar in Österreich Aufsehen erregt.
Und weil da die Bundesbahn pleite ist (oder stier),
Sprach man entschlossen: »Das machen auch wir.«
In diesen Tagen hat (wie man eben vernommen)
Also nun auch Österreich »Blauexpresse« bekommen,
Mit dem ausdrücklichen Vermerk (zur Promenade vor den Leuten)
Die Farbe solle keine detaillierte Feststellung bedeuten.
So zum Beispiel könne die Fahrt ganz schön
Im Sommer ins – sagen wir: Grüne gehn,
Im Herbst ins Rote, ins Gelbe, ins Braune,
Je nach Fortgeschrittenheit, je nach Laune,

Im Winter selbstverständlich ins Weiße;
Nur, daß man sich um die Züge reiße
Und um die letzten Fahrkarten haue:
Im allgemeinen eben ins Blaue.

*

Sehr schön! Sehr verlockend! Nur möchte ich fragen:
»Wird bald auch Deutschland den Blauexpress wagen?«
Wenn wir mal unsere Lage studieren:
Es muss sich rentieren!
Wo alles schon jahrelang früh bis spät
Einfach ins Blaue g e h t ,
Da mögen die meisten, nach all den Jahren
Nun endlich sicher auch einmal ein Stückchen ins Blaue f a h r e n.
Der Ansturm wird groß sein,
Bei uns wird dann wieder der Reiseteufel los sein!
Die Sache wird ausverkauft sein! Und nur durch Intrigen
Wird man die ersten Züge kriegen!
Wir andern fahren (ich glaube mich nicht zu trügen)
Dann alle ins Blaue und – in den letzten Zügen.

M. N. Thaler

Aus dem Erika-Preisausschreiben der WaS

Schließlich hat sich aber auch noch G e o r g e on Z o l a, unser Hausdichter, beteiligt*, der schreibt in seinen meterlangen Versen folgendes von unserer Erika:

Liebe Erika!
Wie du aussiehst, Erika, das ist mir ganz egal!
Ich weiß es nicht und will es auch nicht wissen.
Aber immer, wenn ich Deine klugen Worte lese – jedesmal
möchte ich die Hand Dir dafür küssen.

Wie Du aussiehst, Erika, das ist mir gleich!
Ich habe keine Ahnung, wer sich hinter deinem Pseudonym versteckt.
Ich weiß nur eins: Du bist unendlich reich,
sonst könntest du nicht jedem helfen, der die Hand ausstreckt.

Was kann bei Dir nicht alles abgeladen werden!
Sorgen, Kummer oder auch bloß Mist –
stets bist Du hilfsbereit, mit ernstem Rat, mit einem muntren Scherz.
Ich weiß nicht, wie du aussiehst, Erika, doch weiß ich, was du bist:
Du bist ein großes, großes, großes, großes Herz!

Mit ganz vorzüglicher Hochachtung
                                  G e o r g e on Z o l a

WaS. Nr. 34 vom 21. August 1932, S. 5.

* Dieses Gedicht von Peter Paul Althaus ist ein Teil des Artikels »Wie ist Erika??/Preisverteilung/Erika-Preisausschreiben der WaS«, zu dem mehrere Autoren einen Beitrag leisteten.

BAROCKKIRCHE
von Peter Paul Althaus

Draußen verkaufen sie Rosenkränze aus Zucker und Korinthenbrot,
drinnen sitzt das Jesuskind auf Mariä Schoß und weiß noch nichts
von seinem bittern Kreuzestod;

und die Sonnenstrahlen tanzen durch die gemalten Fensterscheiben;
als wollte es das ganze Jahr strotzender Sommer bleiben;

und die Blumen auf dem Altare blühen, als blühten sie auf einer Wiese,
manche meinen sogar, sie wären schon wieder im Paradiese;

eine Schwalbe ist durch die Sakristei geflogen, hat aus dem Weihwasserbecken getrunken,
und sitzt nun dem heiligen Franziskus auf der Schulter, ganz flügelvergessen und versunken;

der heilige Gaudeamus, der in keinem Kalender steht,
hat hier einen Platz, und man sieht ihm an, daß es ihm wohlergeht;

und die heilige Fiduzitas, die ebenfalls nicht im Kalender zu finden ist,
wird jeden Morgen heimlich von einem jungen Frater auf das pralle Bein geküßt;

die Engelein sind alle Kinder von Marien Magdalenen,
die beim Hochamt, wenn es ihnen zu lange dauert, frech und ehrfurchtslos gähnen

und dabei so tun, als ob sie umso lauter und inniger mitsängen;
man kann sie aber nicht bestrafen, weil sie ganz hoch unter der Decke hängen;

und die Mönche auf dem Chore sind so milde, daß sie die Englein
    auch gar nicht bestrafen mögen,
im Gegenteil, sie zwinkern ihnen zu und geben ihnen einen voll-
    kommenen Ablaßsegen,

welchen eigentlich nur der Heilige Vater in Rom verleihen kann,
aber in dieser Kirche kommt es nicht so genau darauf an;

und wenn die Mönche mit lateinischen Zungen
haben die Nachmittagsvesper – dominus vobiscum, amen – ge-
    sungen,

dann tun die Bälge der Orgel immer noch ganz von selbst einen
    Walzertakt blasen,
und dann stopfen sich die Mönche andächtig eine Prise in die Nasen,

und dann gehen sie zum Kaffeetrinken, mit würdigen Gebärden – –
es ist ein rechtes Reich Gottes auf Erden.

WaS, Nr. 35 vom 28. August 1932 (?)

PPA hat dieses Gedicht später in seine Traumstadtgedichte übernommen und es mit folgenden Zeilen eingeleitet:

Vor der Traumstadt auf dem Hügel, wo früher der Galgen gestan-
    den und der Block,
steht jetzt inmitten von Kastanienbäumen und Kuchenbuden ein
    Kirchlein, ganz aus buntem Barock.

Draußen verkaufen sie Rosenkränze ...

Das Gedicht endet mit diesen Versen:

... es ist ein rechtes Reich Gottes auf Erden,

wo einst der Block gestanden hat und der Galgen zwischen den Bäumen.

In zehntausend Jahren wird einer vielleicht von dieser Stelle Seetang und Algen träumen.

**

Das Priem-Wunder

Wenn man dafür das richt'ge Ohr,
so gehen seltne Dinge vor.

An jedem Tag, zu jeder Stund'
tut sich ein buntes Wunder kund.

Zum Beispiel jetzt in Trapezunt
(im Hafen, wo sehr seicht der Grund)

spie einen Priem aus seinem Mund
der Maat vom Schoner »Kunigund«,

der vorn am Klüverbaume stund
und sah ihm nach, bis er ganz drunt verschwund.

Dann leckt' er sich den Seemannsbart
und lachte kurz nach Seemannsart:

»Haha!« und schnitt sich einen neuen
Priem, um denselben klein zu käuen.

Doch ehe er sich diesen frischen
Priem abgeschnitten, gab's ein Zischen,

das Wasser schwoll – in hohem Bogen
kam – bitte was? – herausgeflogen?

Der alte Priem! – Und dann – o Wunder –
flog gradewegs vom Meeresgrund er

in das weit aufgesperrte Maul
des Seemanns – der jedoch nicht faul

spie (denn es schmeckte nicht sehr gut)
den Priem* zurücke in die Flut,

den Fischen oder wem zum Schmaus.
D o c h   w i e d e r   f l o g   d e r   P r i e m h e r a u s –

und w i e d e r i n d e s S e e m a n n s R a c h e n,
und dem verging gemach das Lachen,

er spie ihn wütend w i e d e r aus.
A t e m p o k a m d e r P r i e m h e r a u s

u n d w i e d e r i n – – – etcetera.
und jeder staunte, der das sah!

Vielleicht bemerkst du, lieber Leser,
dies ist ein ganz mirakulöser

Fall, denn wer warf wohl oder schmiß,
wer spuckte, kotzte oder schiß

den Priem, den alten und durchweichten,
zurück stets wieder aus dem feuchten

und wässerigen Elemente?
M.E. war's eine Zeitungsente.

Hochachtungsvoll

                                        George on Zola

WaS, Nr. 35 vom 28. August 1932, S. 5.

Priem (niederl.): Kautabak

Die Ballade von der Seelenwanderung eines Kohlkopfes

Ein Kohlkopf stand auf einem Feld,
besah sich ringsherum die Welt,
sah lauter Kohl um sich herum
und sprach: »Als Individuum
fühlt man sich unter soviel Kohl
nicht wohl!«

Der liebe Gott, der dies gehört,
sprach: »Dieser Kohlkopf ist was wert;
er hat ein höheres Bestreben,
drum will ich ihm ein zweites Leben
geben.«

Ein scharfes Messer kam – und schwapp –
schnitt es dem Kohl den Kohlkopf ab.
Er fiel in Ohnmacht und er sah
nicht das, was weiter ihm geschah.
Vermutlich wurde er verspeist.
Doch seine Seele ist gereist
durch Raum und Zeit und Zeit und Raum –
Und eines Tages fühlt' sie Schaum
an sich, ein Pinsel fuhr
zur Vorbereitung der Rasur
an ihr herum mit schnellem Strich;
sie fühlt sich wieder körperlich,
sie wurde abgeschabt, rasiert,
das hat sie deutlich selbst gespürt,
und als sie sich im Spiegel sah,
da war sie als ein K e h l k o p f da.

Der Kehlkopf saß an seinem Hals
und sprach zu sich: »Na, allenfalls
bin ich ein Teil jetzt, nicht das Ganze.
Da war ich doch weit mehr als Pflanze!
Gewiß, gewiß, ich bin zwar jetzt
ins Menschenreich hineinversetzt,
jedoch, jedoch, als Körperteil –
was kann ich? Schreien! Weshalb? Weil
mir dies befohlen wird von oben.
Ich hab zu tadeln, hab zu loben
just wie es dem Gehirn gefällt,
dem ich als Diener unterstellt.
Ja, wenn ich selber denken könnt –
Potzelement!

Der liebe Gott, der dies gehört,
sprach: »Dieser Kohlkopf ist was wert;
er strebt nach wirklich hohen Dingen,
e r   s o l l ' s   s o w e i t ,   w i e   K o h l   k a n n ,   b r i n g e n !
Er klagt, er könnt' nicht selber denken,
na gut, na schön, gemacht, dann schenken
wir diesem Kohl-Kehlkopf ein
drittes Sein.

Ein scharfes Messer kam – und schwapp –
schnitt es den Kehlkopf durch und ab.
Er fiel in Ohnmacht und er sah
nicht das, was weiter ihm geschah.
Wie man vermutet,
ist er verblutet.

Doch seine Seele ist geflogen
durch Raum und Zeit, in hohem Bogen.

Und eines Tages fror sie sehr,
sie fühlt' sich an, sie fand sich leer
und glatt wie einen Billardball.
Sie überlegte sich den Fall
und dachte hin und dachte her,
was sie wohl wär'.
Nach langem Denken ward ihr klar,
daß sie nunmehr ein K a h l k o p f war.

Und dann erfuhr der Kohl-Kehl-Kahlkopf später:
er gehörte einem Volksvertreter.

George on Zola

20 Damen der Gesellschaft zittern

Der Münchener Akademiedirektor, Freiherr von Waltershausen, fühlte sich durch den Vorsitzenden H e r b r e c h t der Münchener Ortsgruppe des Deutschen Musikerverbands beleidigt. Deswegen stellte er Klage. Herbrecht hatte in einem für sein Fachorgan bestimmten Offenen Brief u. a. behauptet, der Direktor der Musikalischen Akademie München, Herr von Waltershausen, habe seine wirtschaftliche und soziale Machtstellung in erotischer Beziehung mißbraucht. Dies wurde von einer glaubwürdigen Zeugin vor Gericht bestätigt. Als außerdem Beweis dafür angeboten wurde, daß der Akademiedirektor in früheren Jahren in einem eigens hierfür gemieteten Atelier obszöne Zumutungen gestellt habe, beteuerte von Waltershausen, es habe sich dabei um »w i s s e n s c h a f t l i c h e A k t s t u d i e n« gehandelt. Um diese Darstellung Waltershausens zu widerlegen, wurde ein früheres Aktmodell als Zeugin dafür benannt, daß Waltershausen ihm obszöne Zumutungen gestellt habe, als es sich auf Grund eines Inserats meldete. Die Zeugin hatte ihn für einen Maler gehalten, nachdem er sie in einem Atelier empfing. Sie habe seine Zumutungen mit Entrüstung zurückgewiesen und seiner Angabe keinen Glauben geschenkt, daß er den Anblick eines schönen Frauenkörpers zum Komponieren brauche. In der anfangs dieser Woche durchgeführten Berufungsverhandlung widersprach der Rechtsbeistand des Herrn von Waltershausen diesem Beweisangebot auf das schärfste. Offenbar um seinem Widerspruch den nötigen Nachdruck zu verleihen, kündigte er an, er müsse rund zwei Dutzend Damen der Münchener Gesellschaft dafür benennen, »daß sie sich aus idealen Gründen für die wissenschaftlichen Aktstudien des Herrn von Waltershausen zur Verfügung gestellt hätten«, falls die Zeugin gehört würde. Das Beweisangebot wurde vom Gericht abgelehnt. Die armen Damen und ihr Zittern aber haben unserem Hausdichter George on Zola diese gefühlvollen Verse abgerungen:

Ich weiß nicht, wie man komponiert,
ich hab es noch nicht ausprobiert,
doch muß es wohl nichts Leichtes sein.
Gar Vielen fällt was Seichtes ein,
ein Tangoschmalz, ein Foxtrottlied
zum Tanzen oder für's Gemüt;
doch Kunstmusik, die hohe, hehre
zu komponieren, muß 'ne schwere,
'ne außerordentlich schwierige
und manchmal etwas schmierige,
und wie gesagt verdammt nicht leichte
Kunst sein, denn sonst (wie ich vernommen)
Bräuchte
man nicht so viele Attribute,
um eine wirklich, wirklich gute
Musik zu komponieren.

*

Um beispielsweise anzuführen:
Franz Schubert komponierte dann am besten,
wenn nebenan von seinen Gästen
ein lauter Krach ward inszeniert;
Beethoven wurde inspiriert,
wenn er in seinem Bade saß;
Glück, wenn er rohe Zwiebeln aß;
wenn Richard Wagner Noten schrieb,
so förder' er den Schaffenstrieb
mit seidnem Schlafrock und Barett;
Puccini schuf zumeist im Bett;
Strauß Johann schrieb den feurigen
Dreivierteltakt beim Heurigen;
Strauß Richard dahingegen hat
den besten Einfall stets beim Skat.
So braucht ein jeder Komponist,
wenn er beim Komponieren ist,
ein Mittel, das ihn stimuliert,
damit er besser komponiert.

Der Komponist von Walterhausen
braucht, daß ihm seine Töne brausen,
als sogenannten Kuß der Musen
zum Beispiel einen Damenbusen.
Und wenn er sich daran ergötzt
wird dieses in Musik gesetzt.
Wenn ihm am Flügel fällt nichts ein,
so hilft ein nacktes Damenbein.
Will ein Adagio nicht glücken
so nimmt er einen Damenrücken;
für Märsche und Fortissimos
begeistert er sich an Popos.
Der Komponist von Waltershausen
muß offenbar 'ne Fleischbeschau sehn;
ihn stimuliert nur das Obszöne
sonst hat er einfach keine Töne

Das sind nun beinah schon Finessen.
Und manchmal führt das zu Prozessen.
Musik wird oft nicht schön empfunden,
wenn mit Prozessen sie verbunden.
Da müssen nämlich Zeugen kommen,
und diese werden dann vernommen,
und da wird manches offenbar,
was heimlich nicht so peinlich war.
Auch wird es ruchbar in Prozessen,
daß »wissenschaftliche Intressen«
am Muskelspiel von nackten Damen
nur Vorwand sind zu poly – g a m e n
und nicht zu poly – p h o n e n
Kompositionen

Doch sei es, wie es sei auch immer.
Die Damen hatten keinen Schimmer,
was der Meister, der verehrte,
wollte; keine einz'ge wehrte
das zu zeigen, ohne Geizen,

was sie hatt' an Charme und Reizen.
Zwanzig Damen der Gesellschaft
zeigten, um die Komponierkraft
ihres Meisters anzufachen,
ihre allerschönsten Sachen
rein aus idealen Gründen
und aus Liebe zur Musik!

Deshalb hatten sie auch Glück,
und sie brauchten sich als Zeugen
nicht in dem Prozeß zu zeigen.

Zwanzig Damen der Gesellschaft zitterten in diesen Tagen,
daß man könnte bei Gerichte ihre werten Namen sagen.

O ihr »angeseh'nen« Damen,
die ihr Herrn von Waltershausen
zeigtet eure Bein und Bausen –
geht jetzt hin und tut euch schamen!

Hochachtungsvoll

George on Zola

WaS, Nr. 40 vom 2. Oktober 1932, S. 3.

Stummer Film
vom Reichskanzlerempfang

Was rennt das Volk?
Was wälzt sich dort
die langen Gassen
brausend fort?

Es rennt kein Volk,
Es wälzt sich nicht,
und wenn – dann nur im Bette;
und wenn es rennt –
dann zum Geschäft
und zu der Arbeitsstätte.

Es ging kein Volk
zur Eisenbahn,
um Herrn von Papen zu sehen.
Er zeigte umsonst
den lächelnden Zahn;
es krähte kein Huhn,
es krähte kein Hahn,
es krähten nicht einmal Krähen.
Nur ein schüchterner Flüsterbariton,
der flüsterte schüchtern: »Hoch, Herr Baron«.

Der »eigentlich wirkliche Volkswille«,
dessen wahrer Vertreter und Repräsentant
sich Herr von Papen selber genannt,
der verhielt sich sehr stille, sehr stille, sehr stille.
Wenn Herr von Papen
lächelnd wie die Mona Lisa
dem Volk die Zähne zeigt – –
das Volk, das man hier
in München an der Isar,
das zeigt sich abgeneigt und schweigt.

Gewiß
hat Herr von Papen mit dem lächelnden Gebiß
das ganze Volk hinter sich stehen;
aber hat er sich schon einmal umgesehen,
ob das Volk, das hinter ihm steht,
i h m n i c h t v i e l l e i c h t
d e n R ü c k e n z u d r e h t ?

Warum
war es ringsum
so stumm?

Man kann auf das Vertrauen
des Volks nicht einfach bauen,
indem
man nach dem seligen Coué-System
sich selbst versichert jeden Tag:
»Was da auch immer kommen mag –
das Vertrauen des Volkes zu mir und für mich,
mit jedem Tage bessert es sich;
das Vertrauen des Volkes zu meiner Person,
das Vertrauen des Volkes, das habe ich schon!«

Herr Reichskanzler, in solchen Sachen,
da ist mit Coué nicht viel zu machen.
Man kann da gar nichts übertünchen:
Bei Ihrem Aufenthalt in München,
da konnten Sie es ja selbst erschauen,
das von Ihnen besessene Volksvertrauen.

Besehen selbst durch die rosigste Brille
verhielt sich auch späterhin sehr stille
das Volksvertrauen, auf dem Sie sich wiegen,
indem zum Beweise
des »symbolischen Charakters«
Ihrer Propagandareise
die Volksmünder schwiegen.

In Vereinen und vor geladenem Publikum,
na schön –
aber warum
blieb d a s V o l k so stumm?

Hochachtungsvoll

George on Zola

WaS, Nr. 42 vom 16. Oktober 1932, S. 2.

Der Zwickel fällt

Es weht der Wind, der Herbst beginnt
und niemand, der nicht gerade spinnt,
empfindet jetzt ein Bad im Fluß
als Hochgenuß.

Der Regen rinnt, 's ist ziemlich kühl
und niemand zeigt den Sexappeal
jetzt mehr von hinten oder vorn.

Da spricht Herr Bracht: »Jetzt wird gebor'n
die neue deutsche Sittlichkeit!
Die neue deutsche Sittlichkeit,
die neue Rückenschnittlichkeit,
die wird mit Unerbittlichkeit
und Zwickeln
sich jetzt entwickeln!«

(Der »Zwickel«, dies nur nebenbei –
heißt italienisch Rinforzo;
wenn man das hört, so sagt man sich,
er sei am rechten Ort so.)

Die Herrn im Ministerium,
die brauchen für das Dran und Drum
der neuen deutschen Sittlichkeit
viel Zeit.

Denn was ist sittlich,
was gemein?

Zum Schlusse kam man überein,
nachdem sechs Wochen nachgedacht
das Ministerium und Herr Bracht:

Wo ich mir sage: I c h b i n e i n S c h w e i n,
d a i s t e t w a s u n s i t t l i c h u n d g e m e i n!

Wo ist man ein Schwein? Wo stößt man an?
Fangen wir mal bei dem Wichtigsten an.

Zunächst mal woll'n wir zügeln die
so phantasievolle Phantasie,
indem das deutsche Frauenbein
muß »unten angeschnitten« sein.

Den nächsten Anstoß nimmt man – bitte?
Na selbstverständlich in der Mitte.
Also zwischen die Beine ein Zwickel sodann,
der das Schamgefühl hebt und verstärkt.
Der Zwickel war zwar schon immer dran,
doch hat das noch niemand bemerkt.

Und was man nicht merkt, ist nicht existent,
drum muß eine weise Regierung,
die Wert legt auf sittliche Führung,
sehr wichtig nehmen den Zwickel
(sei er auch nur ein Partikel)
und muß ihn befehlen, den Zwickel,
selbst wenn er
an jeder Hose, für Frauen und Männer
schon immer vorhanden gewesen,
damit man das Gute vom Bösen
schon äußerlich kann unterscheiden
und das Böse kann somit vermeiden!

Soweit die Regierung
zur Schamgefühlregulierung.

Und alle Welt
hat schrecklich gelacht.

Und da beschloß Herr Dr. Bracht
jäh über Nacht
(und sagt und schreibt):
»Der Zwickel fällt—
der Rücken bleibt!«

Wenn auch der Zwickel jählings fiel –
ein Gutes ist geblieben:
Wir haben Brachts neues Schamgefühl,
wir treiben's nicht mehr wie wir's trieben.

Wir haben nun von der Etsch bis zum Belt,
von Pforzheim bis rauf nach Kiel,
von Zwickau bis rüber nach Bielefeld
Brachts neues Schamgefühl.

Und das mußten wir haben, das hat uns gefehlt,
das haben wir sehr vermißt,
das hat uns verfolgt, das hat uns gequält –
j e t z t weiß man, was unsittlich ist.

Der bis zu den Schultern bedeckte Rücken
wird die Unsittlichkeit in uns gänzlich ersticken.

Jetzt kommt die neue Sittlichkeit,
(sie ist übrigens nicht so neu,
es gab schon mal früher so eine Zeit,
so um die neunzehnhundertzwei) –
jetzt kommt sie wieder, die goldene Zeit,
wie sie einstens war und eh' –
die Zeit mit der heimlichen Heimlichkeit
und dem Chambre separée.
Jetzt werden wir wieder den steifen Kragen,
Korsettstangen und Prunellestiefel tragen,
und Barchenthosen und Schnällchenschlips;
auf Vertikows Turnvater Jahn aus Gips

und an den Wänden den Postkartenfächer;
die ehelichen Schlafgemächer
werden wieder mit roten Ampeln erhellt,
und die Makartbuketts auf die Tische gestellt.
Wir werden wieder die Marlitt lesen
und Thoma nur mit Erröten nennen
und alles wird sein, wie es einstens gewesen
und wie wir's als s c h e u ß l i c h e
E r i n n e r u n g kennen –

Ihr Herren, was habt ihr euch eigentlich gedacht,
vor allem Sie selber, Herr Dr. Bracht,
bei Ihrem neuen Sittenkodexe?
Ich weiß einen Arzt, der behandelt Komplexe,
und ich verrate Ihnen in Ihrem eigenen Interesse
gern seine Adresse.

Hochachtungsvoll

George on Zola

WaS, Nr. 43 vom 23. Oktober 1932, S. 9.

Im August 1932 hatte das Innenministerium unter Dr. Bracht einen Erlass herausgebracht, der die Freikörperkulturschulen verbot und bei Badeanzügen den ›Zwickel‹ vorschrieb. Der Zwickel ist bei einem Textil ein keilförmiger Stoffstreifen, der zusätzlich nackte Haut verdecken sollte. Dieser »Zwickelerlass« sorgte für stürmische Heiterkeit. Der Minister wurde als »Zwickel-Bracht« unsterblich.

97

EDWARD
(»*Dein Schwert, was ist's vom Blut so rot – Edward, Edward?«*)

respektive
HEINRICH
(»*Was zeigst du . . . ?«*)

von
JOHANN GOTTFRIED VON HERDER
respektive von
GEORGE ON ZOLA –
und dem Ministerpräsidenten Dr. Heinrich Held freundlichst gewidmet

»Was zeigst du die kalte Schulter so rauh,
Heinrich, Heinrich?
Was zeigst du die kalte Schulter so rauh
dem Herrn von Papen – O?«
»Das will ich dir sagen ganz genau,
Bavaria, Bavaria!
Das will ich dir sagen ganz genau,
die Sache, die ist so:

Deutschland braucht keinen Zaren nicht,
Bavaria, Bavaria!
Deutschland braucht keinen Zaren nicht
und kein zaristisches Regime – O!
Deswegen hielt ich's für meine Pflicht –
Bavaria, Bavaria,
zu zeigen der dünnen Herrenschicht
die kalte Schulter und auch ihm – O!«

»Das, Heinrich, war gut, und das, Heinrich, war klug.
Heinrich, Heinrich!
Das, Heinrich, war gut, und das, Heinrich, war klug,
und gesprochen wie ein H e l d – O!«

»Versprechen und nicht halten, das ist Betrug,
Bavaria, Bavaria!
Und komische Figuren haben wir schon genug
in der politischen Welt – O!«

»Du sprichst so mutig wie ein Leu,
Heinrich, Heinrich!
Du sprichst so mutig wie der bayrische Leu,
du hast einen bayrischen Leumund – – O!«
Damit's uns nicht geht, wie denen in Preu-
ßen, Bavaria!
Damit's uns nicht geht wie denen in Preu-
ßen; wir gehen ihnen nicht auf den Leim und – o –

Das riecht doch alles, nicht wahr, nach Beschiß stark,
Bavaria, Bavaria!
Das riecht doch alles, nicht wahr, nach Beschiß stark,
was die da anrichten – O!
Wir wollen aber keinen l ä c h e l n d e n Gebißmark.
Bavaria, Bavaria!
Wir wollen aber keinen lächelnden Gebißmark.
Wir Bayern verzichten – O!«

WaS, Nr. 43 vom 6. November 1932, S. 2.

Heinrich Held (BVP) war von 1924-33 Bayerischer Ministerpräsident.

Berauschend oder nicht berauschend
– das ist hier die Frage

Amerika hat sich entschieden:
Amerika wird wieder naß.
Man hat das Saufen zwar dort nie so ganz vermieden,
im Gegenteil, man soff gar manches Faß,

jedoch es war nicht immer reiner Alkohol, den man gesoffen;
man soff die tollsten Destillate, und das Auge sah den Himmel offen,
und hinterher war man vergiftet – und dann kam man in die Hölle.
Es gab nicht einen, sondern viele solcher Fälle.

Das wird nun alles anders, denn Amerika hat sich entschieden:
Amerika wird wieder naß.
Jetzt kann ein jeder wiederum legaliter in Frieden
soviel er will sich voll und toll besaufen, und es steht ihm frei,
    mit was.

Jetzt fließt der Alkohol in Strömen wieder, dank Herrn Roosevelt,
und darum hat man ihn ja letzten Endes auch gewählt.

Der neue Präsident hat selbst bereits begonnen
und seinen Sieg, den er so überwältigend gewonnen,
mit einem Fest begangen, und dies Fest,
so hört man, sei sehr naß gewest.
Dempsey und Tunney sind als Gäste dagewesen
(so steht es in den Zeitungen zu lesen),
wahrscheinlich, um mit ihren starken Fäusten
diejenigen Gäste, die am meisten
gesoffen und nun siegestaumelnd konnten nicht mehr stehn,
hinauszuschmeißen, weil sie nicht von selber wollten gehn.
Zweitausend Gäste haben dröhnend Prost! geschrien
(und etliche bestimmt nach diesem Fest enorm gespien).

Ja, jetzt kann jeder wieder saufen, was und wo und wie es ihm gefällt.
Vor allem kostet jetzt das Saufen in Amerika nicht mehr so sündhaft vieles Geld,
und dann – wenn jetzt das Auge offen sieht den Himmel,
dann weiß man wenigstens genau, daß man's nicht büßen muß,
dann war es reines Löwenbräu und richt'ger Schwedenpunsch und echter Gilka-Kümmel
und nicht Brenn-, Rheuma- oder Läusespiritus.

Das heißt: Noch ist man nicht soweit,
noch herrscht da keine klare Einigkeit.
So ohne Weitres kann man selbst im freisten Land der Welt
nicht einfach das beseit'gen, was nicht mehr gefällt.
Und selbst der neue Präsident der USA
sagt nicht (was Papen, dieses nebenbei, so gerne möchte):
»Was ICH nicht will, ist nicht mehr da!«
Nein, in Amerika hält man sich an Verfassungsrechte.
Und da die Prohibition verankert ist in der Verfassung,
so geht das trockene Amerika nicht einfach ohne weitres in Vernassung.
Man wirft die Prohibition nicht einfach, tsching bum um,
man geht ganz peu á peu von Stadium zu Stadium.

Man will fürs erste leichte Biere, leichte Weine,
freigeben, daß nicht alle sich s o f o r t besaufen wie die Schweine,
damit man l a n g s a m wieder sich gewöhne an die starken
Sekt-, Wein-, Likör- und Whiskymarken.
Und freigegeben sind Getränke nur, wie schon gesagt, zunächst,
aus denen den Amerikanern garantiert kein Rausch erwächst.

Nun sieht man überall in USA die Leute auf den Straßen ihre Meinung tauschend:
»Was ist berauschend und was nicht berauschend?«

Geneigter Leser!

Wir brauchen uns über solche Fragen den Kopf nicht zu zerbrechen, weil bei uns ü b e r h a u p t n i c h t s b e r a u s c h e n d ist, sondern im Gegenteil v e r d a m m t e r n ü c h t e r n d. Zum Beispiel der Etatausgleich des Münchner Staatshaushaltes – da überläuft einen kalt es!

Hochachtungsvoll

George on Zola

WaS, Nr. 46 vom 13. November 1932, S. 5.

In den USA war die Prohibition durch die Verfassung festgeschrieben. Erst im Dezember 1933 wurde das Alkoholverbot durch eine Verfassungsänderung aufgehoben.

Nonstop-Dichterehrung

Anläßlich der Feier des 70. Geburtstages von Gerhart H a u p t - m a n n kam es zwischen der a l t e n und der k o m m i s s a r - i s c h e n Preußenregierung zu einem mehr lächerlichen als edlen Wettstreit. Jede von beiden verlieh dem Dichterjubilar die Große Goldene Staatsmedaille und jede behauptet von sich, allein dazu berechtigt zu sein.

Als Gerhart Hauptmann wurde sechzig,
sah man, daß von links nach rechts sich
er im Laufe seiner Laufbahn
hatt' gewandelt, und vom Kampfhahn
war zur Friedenstaube worden.
Da man keine Adlerorden
mehr mit Eichenlaub und Schwertern
kann verleihn, war zu erörtern,
wie man Einen sonstwie ehret,
dessen Leben sechzig währet,
und der, trotzdem er vom Dichten
sechzig Jahr' gelebt, mitnichten
einen sanften Hungertod
starb inzwischen und aus Not.

Überdies die vielen Werke,
die er in den sechzig Jahren –
kurz, es mußte diesem Hauptmann
Ehrung widerfahren.

Und es ward für sein Bemühen
ihm der Adlerschild verliehen.

Andre Leute haben ihren
Adlerschild meist an Klavieren,
Sofas, Tischen oder Bildern;
Doch mit diesen Adlerschildern

ehrt der Staat nur Leute, die
keine solchen Dichter, wie
der besagte Hauptmann Gerhart,
sondern Leute minderer Art.

Als Gerhart Hauptmann wurde siebzig,
da sagt der Staat, und dabei rieb sich
die Hände er: »Ja, unser Dichter!
Zu seinem Siebzigsten, da kriegt er
– da sind wir einig wie in keinem Fall je –
die Große Goldne Staatsmedaille!«

Und man war einig bis auf diese Kleinigkeit:
Wer ist der Staat, und wer verleiht
dem Dichter dieses Staates Ehrung?
»Ich bin die kommissarische Regierung und ich hab die Macht!«
sprach Doktor Bracht.

»Wir sind die alte, die verfassungsmäßige Regierung!« sprach Dr. Brecht,
»Wir sind im Recht!«

Bracht geht vor Brecht! – das war die Klärung
in dieser Frage, und die k o m m i s s a r i s c h e R e g i e r u n g
nahm daraufhin in Sachen Gerharthauptmannehrung kurzerhand
die Führung.
Und Gerhart Hauptmann nahm die Staatsmedaille aus den Händen
des Dr. Bracht entgegen, und er dachte, damit hätt' es sein Bewenden.

Jedoch am Tag darauf hat Gerhart Hauptmann von der a l t e n
Regierung eine Urkunde per Eingeschreiben zugestellt erhalten,
besagend, daß die alte, eingesessene Regierung ihm verliehen habe
die Große Goldne Staatsmedaille zum Geburtstagsfest als Ehrengabe.

Als dies die k o m m i s s a r i s c h e Regierung hat gehört,
hat sie den Dichter ebenfalls mit einer Urkunde beehrt,
besagend, daß die kommissarische Regierung ihm verliehen habe
die gestern überreichte goldene Staatsmedaille zum Geburtstag
und als Ehrengabe.

Kaum ist der alten eingesessenen Regierung dieses zu Gehör gekommen,
da hat sie schleunigst eine Autotaxe sich genommen
und hat dem Dichter feierlich die Kehrseite der Medaille ihrerseits
nochmals verliehn,
worauf die kommissarische Regierung zuerst Gift und Galle gespien
und worauf sie dann, um für sich das letzte Wort zu behalten in
dieser Angelegenheit,
dem Dichter den großen, garantiert unzerreißbaren Ehrenzwickel
verleiht,
worauf die alte Regierung in Wut entbrennt
und den Herrn Hauptmann zum Major ernennt,
worauf die kommissarische Regierung wiederum Gift und Galle
speit
und dem Dichter das deutsche Ehreneinheitsbadekleid verleiht,
worauf die alte Regierung keine Grenzen mehr kennt
und den Herrn Major Hauptmann zum General ernennt,
worauf die kommissarische Regierung ihn zum kommissarischen
Tugendkönig krönt,
worauf die a l t e Regierung ihn in die k o m m i s s a r i s c h e
Regierung ruft als Referent
und Sachverständigen für die Deutsche Zwietracht,
damit er den Streit um die Hauptmannehrung schlichte – – –

Gerhart Hauptmann hat aber geantwortet, daß er dankend verzichte.

G e o r g e on Z o l a

WaS, Nr. 47 vom 20. November 1932, S. 11.

PPA geht hier auf den sog. »Preußenschlag« der Regierung v. Papen ein. Am 20. Juli 1932 war die geschäftsführende sozialdemokratische, preußische Regierung Braun durch Notverordnung des Amtes enthoben worden, hielt sich aber weiter für den verfassungsmäßigen Ministerpräsidenten. Den Regierungsauftrag erhielt der Essener Oberbürgermeister Franz Bracht als Stellvertreter Papens.

Weihnachtsbrief an mich selbst

Lieber George on Zola!
Wenn Tante Frieda dir ein Sofakissen schenkte,
ein Sofakissen, scheußlich, häßlich, selbstgestrickt – –
mach Tante Frieda eine Freude, es ist Weihnacht heute,
und sei ob ihres Sofakissens hochbeglückt!

Wenn Onkel Emil einen Aschenbecher brachte,
und zwar genau denselben und im Ausverkauf gekauften, wie das
  letzte Jahr – –
mach Onkel Emil eine Freude, es ist Weihnacht heute,
und sage: »Onkel Emil, dieser Aschenbecher – wunderbar!«

Wenn dir die Base Anneliese wieder ihren selbstgemachten,
berüchtigten Likör (von dem du letztes Jahr so schrecklich Bauch-
  weh hast gekriegt) verehrt –
mach deiner Base Anneliese eine Freude, es ist Weihnacht heute,
und sag', es sei die schönste Weihnachtsgabe, die man diesmal dir
  beschert!

Freu dich von Herzen über selbstgehäkelte Pantoffeln
und Sofaschoner, Lungenschützer, laubgesägte Uhrenständer,
freu dich von Herzen über alte, harte Marzipankartoffeln,
zu kleine Handschuh', brandgemalte Wandkalender,

freu über Bücher dich, die im vergangnen Jahr
man sich von dir entliehn und jetzt als Festgeschenk dir wieder-
  bringt,
freu über alles dich, was, um es endlich los zu werden, man dir
  brachte dar –
freu dich auf jeden Fall und unbedingt:

Denn es ist Weihnacht und du weißt,
daß Weihnachten das Fest der Freude heißt!
Drum freu dich jetzt und nicht erst, wenn du all den Krempel
aus dem Fenster schmeißt!

Hochachtungsvoll Dein
George on Zola

WaS, Nr. 52 vom 25. Dezember 1932, S. 5.

Etwas verspätete Privatrückschau

Ich weiß nicht, irgend etwas stimmt da nicht bei mir;
Ich gehe irgendwie nicht mit der Zeit.
Ich saß da neulich, ungefähr vor einer Woche gegen 12 Uhr im Lokal und trank mein Bier
und aß mein Abendessen und ich dachte schier
an gar nichts, denn es schmeckte mir –
Auf einmal hub ein ungeheurer Krach an, eine laute Lustigkeit,
und alle Leute schwenkten ihre Gläser, fingen an zu brüllen mit Geschrei,
und schrien: »Prost Neujahr!« und sagten, daß ein neues Jahr nun angebrochen sei.

Ich hatte nichts davon gemerkt, denn wie gesagt,
ich lebe irgendwie nicht mit der Zeit.
Auf jeden Fall: Das alte Jahr, das sah ich deutlich, war »nicht mehr gefragt«;
den Meisten hatt' es, allem Anschein nach, nicht sehr behagt,
es sei, so sagten sie, vom Zahn der Zeit zu sehr benagt
und Gott sei Dank, nun sei es ja soweit!

Man sprach vom alten Jahre als besch- nein v e r schlissen;
kurzum, vom alten Jahr wollt' keiner mehr was wissen.

Nun möcht' ich Sie mal etwas im Vertrauen fragen,
(vielleicht, daß Sie auf diese Frage keine Antwort wissen,
vielleicht auch wollen Sie's aus andren Gründen mir nicht sagen),
doch immerhin, ich möchte Sie mal etwas im Vertrauen fragen:
Ob Sie das Jahr, das wir vor einer Woche ungefähr zu Grab getragen
aus Ihrem Leben möchten missen?

Was mich betrifft, ich möchte es auf keinen Fall gestrichen sehen.
Wenn ich das letzte Jahr durchdenke, vom Beginn bis heut' –
mein Gott, wieviel ist doch im letzten Jahr geschehen,

was hab ich alles doch erlebt, wieviel lernt' ich verstehen,
was sah ich alles vor sich gehen!
Nein, dieses Jahr war nicht verlor'ne Zeit!

Um eines nur herauszugreifen von den Dingen,
die in diesem Jahr, wie ich's erlebt hab', vor sich gingen,
ein einziges, bescheiden nur und klein:
Als die Frau Schmidt von nebenan ihr neuntes Kind bekam –
und wie die Waschfrau Schmidt ihr neuntes Kind als ein Geschenk
 des Himmels nahm –
und wie sie sagte: »Wenn's mit achten ging, dann geht es auch mit
 neun.«

Ist dieser eine hingehauchte Satz der Waschfrau Schmidt nicht
 tausendmal mehr wert,
als alle Redeschwälle, die wir im vergangnen Jahr von Wiederauf-
 bau und Ankurbelung gehört?

Hochachtungsvoll
                                            G e o r g e   o n   Z o l a

WaS, Nr. 2 vom 8. Januar 1933, S. 9.

Papen, siehe Bismarck

Auf meinem Schreibtisch liegt ein großes dickes Lexikon,
das schlag' ich manchmal auf; zwar vieles weiß ich,
doch lange nicht genug; vor allem, was die Zukunft anbetrifft, da
   weiß ich nichts davon;
drum schau ich manchmal nach in meinem Lexikon, mein Lexi-
   kon ist nämlich aus dem Jahr 2033.

Es ist erstaunlich, was das Lexikon von unsren Zeitgenossen,
die heute, also hundert Jahre früher lebten, als das Lexikon er-
   schienen, schreibt –
sowohl von denen, die uns angenehm gewesen, als von denen, die
   als Zeitgenossen uns verdrossen;
es ist erstaunlich, wie von manchen überhaupt nichts übrig bleibt.

Z. b. hatt' ich neulich über unsre heut'gen Filmstars etwas nach-
   zulesen;
ich suchte also jene Namen, die fast jedem Kind geläufig sind, in
   meinem Lexikon –
doch so, als seien sie in keiner Weise irgendwie lebendig oder exi-
   stent gewesen –
in meinem Lexikon stand nicht ein einziger davon.

Dann sucht' ich andre heutige bekannte und berühmte Namen
in meinem Lexikon, das unsrer Zeit um hundert Jahr voraus ist;
Ich suchte Sänger, Volksbeglücker – nichts; Das zeigte mir, wie
   ganz vergeblich waren all die tobenden Reklamen,
wie kurz der Ruhm und wie vergänglich der Applaus ist.

Und gestern sucht' ich einen Dichter, der mit B beginnt, von dem
   ich annahm, daß sein Ruhm noch nicht verblichen –
da stieß beim Blättern ich auf B i s m a r c k und da stand in
   Klammern »S c h m i e d d e s D e u t s c h e n R e i c h e s«.

Da dacht ich, willst mal schauen, was mit Papen war, der sich mit Bismarck immer gern verglichen,
willst doch mal schaun, was über ihn mein Zukunftslexikon besagt, zum Zwecke des Vergleiches.

Und richtig, unter P stand »Franz von Papen«, kleingedruckt, doch fand ich gleich es,
und dann in Klammern stand daneben »R ä n k e s c h m i e d des Deutschen Reiches«.

Ob nun mein Zukunftslexikon die Wahrheit spricht, das weiß ich nicht,
wir leben ja im Jahr zweitausenddreiunddreißig nicht,
wir sind noch immer hundert Jahr' zurück –
denn sonst, nicht wahr, sonst hätten wir für manche Dinge, die man hinter unsrem Rücken treibt,
den richtigen Blick.

Hochachtungsvoll

George on Zola

WaS, Nr. 3 vom 15. Januar 1933, S. 5.
Franz von Papen war vom 1. Juni bis zum 17. November 1932 Reichskanzler.

Menschenfresserei in Bayern

Geehrte Redaktion der WaS!
Ich möchte Sie um eine kleine Auskunft bitten,
es handelt sich um etwas Ungewöhnliches,
betreffend hierorts eingeriss'ne sonderbare Sitten.

Ist Ihnen, sehr geehrte Redaktion, bekannt,
daß man in Bayern Menschenfresserei betreibt?
Damit Sie die Beweise gleich zur Hand,
so leg ich Ihnen eine Speisekarte bei, auf der man offen schreibt:

»Matrosenfleisch!« – Geehrte Redaktion der WaS!
Es überlief mich kalt, als ich das Wörtchen las.
Im Gasthaus selbst erfuhr ich von der Kellnerin nichts Näheres,
drum bitt' ich Sie, beziehungsweise Erika, erklären S i e mir das.

Woher beziehen all die Speisehäuser die Matrosen?
Wer schlachtet sie? Und wie? Erschlägt man sie mit Trossen?
Und schmeckt ihr Fleisch nicht sehr nach Spirituosen?
Wird man nicht seekrank, wenn man es genossen?

Kauft man sie ganz? Kauft man sie kiloweise?
Ist Kapitänfleisch teurer als das Fleisch gewöhnlicher Matrosen?
Ist da ein Unterschied für Lebend- oder Schlachtgewicht im Preise?
Und gibt's Matrosenfleisch auch schon als Corned beef in Dosen?

Nimmt man nur Junge oder nimmt man auch die Ältren? Schlachtet man auch Steuerleute?
Nimmt man nur die vom großen Meere? Oder nimmt man solche auch vom Tegernsee?

Und sagen Sie mir bitte noch, wo bleiben ihre Häute?
Verehrte Redaktion, indem ich Ihrer Antwort gern entgegenseh'
bin ich, mit ohne mehr für heute

Ihr ergebener
George on Zola

Herz auf Taille

»H e r z a u f T a i l l e« nennt sich einer der erfolgreichsten und frechsten modernen Gedichtbände, herausgegeben von der Deutschen Verlagsanstalt in Stuttgart. Als Verfasser kann nur Erich Kästner in Betracht kommen, der unsern Lesern kein Fremder ist. Wir entnehmen dem fabelhaften »Herz auf Taille« folgende Herzschläge:

Wieso warum?
Warum sind hundert Zentner eine Tonne?
Warum ist dreimal drei nicht sieben?
Warum dreht sich die Erde um die Sonne?
Warum heißt Erna Erna, statt Yvonne?
Und warum hat das Luder nicht geschrieben?

Warum ist Professoren alles klar?
Warum ist schwarzer Schlips zum Frack verboten?
Warum erfährt man nie, wie alles war?
Warum bleibt Gott grundsätzlich unsichtbar?
Und warum reißen alte Herren Zoten?

Warum darf man sein Geld nicht selber machen?
Warum bringt man sich nicht zuweilen um?
Warum trägt man im Winter Wintersachen?
Warum darf man, wenn jemand stirbt, nicht lachen?
Und warum fragt der Mensch nach jedem Quark: Warum?

Die Zunge der Kultur reicht weit
Die Zunge der Kultur reicht weit!
Wohin sie sich erstreckt,
Da wird der Mensch nebst seiner Zeit
So lang wie hoch und weit und breit
Von der Kultur beleckt.

O, daß sie tausend Zungen hätte!
Noch gibt es Neger ohne Uhr,
Und Dörfer ohne Operette,
Und Eskimos ohne – Pardon – Klosette.
Die Zunge raus, Kultur!

Noch gibt es Frauen, die den Nabel zeigen
Und ohne Kleid und Scham spazieren gehn.
Noch gibt es Männer, die im Dunkeln geigen,
Und Leute, die, selbst wenn sie dumm sind, schweigen.
Man kann das kaum verstehn. . . .

Denn wir stelln unsre Kinder künstlich her
Und unsre Nahrung in Tablettenform.
Das Altern kennen wir nicht mehr.
Bouillon mit Ei gewinnen wir aus Teer
Kurzum: Es ist enorm!
Der Straßenkehrer braucht das Abitur
Und muß belesen sein in Schund und Schmutz.
Da denkt man manchmal: Die Kultur,
Sie kann uns am – ! Sie soll uns nur – !
Sie ist dazu imstand und tut's.

WaS, Nr. 4, 22. Januar 1933, S. 5.

In der WaS wird tatsächlich die Tonne mit Hundert Zentner angegeben. Man beachte, dass ein Zentner 50 Kilo sind. Später hat Kästner den Vers korrigiert: Warum sind tausend Kilo eine Tonne?

Plötzliche Erkenntnis
auf dem Heimweg von der Redoute

Jeder – hup – kann nur einmal im Jahr –
ob er Aktuar oder Referendar,
ob er Ungar oder Bulgar,
ob er König, Kaiser oder Zar –

jeder kann nur einmal – hup – im Jahr –
ob er Johimbin frißt oder Beefsteak tartar,
ob er eine Glatze hat oder lockiges Haar,
ob er aufrichtig ist oder nicht wahr –

jeder kann – hup – nur einmal im Jahr –
ob er einfacher Polizist oder gar ein Polizeikommissar,
ob er ein Enkel ist oder gar ein Urvorfahr,
ob er ein kultivierter Mann ist oder ein Barbar –

hup – jeder kann nur einmal im Jahr –
ob er mit Schecks bezahlt oder in bar,
ob er es in Sansibar erlebt oder in einem Karwendelkar,
frivol, ehr- oder unnahbar,

jeder kann nur – hup, hup – einmal im Jahr –
ob er egozentrisch eingestellt ist oder polar,
ob er bereits Professor ist oder noch Scholar,
ob er Obeine hat oder einen Rachenkatarrh –

jeder kann nur einmal i – hup – m Jahr –
ob er ein Statist im Leben ist oder ein Star,
ob er Kaninchen züchtet oder einen Kanar-
ienvogel oder ein seltenes Kaktusexemplar,

jeder – hup – kann – hup – nur ein einziges Mal im Jahr –
das ist einerseits sehr sonderbar,
aber andrerseits auch wieder sonnenklar –
jeder kann nur einmal im Jahr –

Geburtstag haben!

Hochachtungs – hup – voll

George on Zola

WaS, Nr. 5 vom 29. Januar 1933, S. 9.

Zum Wagnerjahr

Ich war gestern bei einem Schreiner
namens Dingelfeld,
das ist so einer,
der hat sich umgestellt.

Er fabriziert jetzt
(denn er richtet sich nach der Konjunktur)
lediglich Büstenhalter nur;
und er hat auch schon etliche abgesetzt.

Große und kleine Büstenhalter
aus Tannenholz oder Fichte
für kleine und große Büsten
bis zu 40 kg Gewichte.

Er hatte gerade einen Büstenhalter in Arbeit
für eine Kolossalbüste;
und dieser Büstenhalter war entsprechend hoch und breit
und sah beinah aus wie ein Neubaugerüste.

Der Schreiner Dingelfeld sagte, indem die Hobelspäne
durch die Werkstatt flogen,
er hätte noch ganz andere Pläne,
aber was ihn gerade dieses Jahr bewogen,
sich auf Büstenhalter umzustellen, nicht wahr,
das sei das Wagnerjahr.
In diesem Jahre kaufe sich fast jeder Dritte
eine Wagnerbüste aus Gips oder Ton
und da brauch' der Wagnerbüstenkäufer unbedingt – bitte? –
und da brauche der Wagnerbüstenkäufer schon?
Einen Wagnerbüstenhalter brauche er für seine Wagnerbüste,
– und mit Wagnerbüstenhaltern schmeiße er nun die Kiste.

Obwohl ich mir keine Wagnerbüste kaufen werde,
habe ich mir beim Schreiner Dingelfeld
auch einen Wagnerbüstenhalter bestellt.

George on Zola

WaS, Nr. 9 vom 26. Februar 1933, S. 6.

München galt auch als Richard-Wagner-Stadt. Der 50. Todestag des Komponisten (1813-1883) war von entsprechenden Reden und Feiern begleitet worden.

Sonntagsbetrachtung vor der Stadt

Hier herrscht der Friede. Nur die allerletzten Wellenkreise
des lauten Stadtgebrauses
gelangen in dies stille Eckchen:

Ein Sperlingsweibchen auf dem allerletzten Tramgeleise
verwandelt einen großen Pferdeapfel
behutsam in ein kleines Spatzendreckchen.

Dies Bildchen merke dir, o Mensch, weil es ein Gleichnis ist
für Wiederkäuer jeder Art.
Ob's milde säuselt oder kraftvoll knarrt:
Die großen Phrasen, die du heutzutage hörst und liest,
sie bleiben immer, was sie vorher auch schon waren – Mist:

George on Zola

WaS, Nr. 10. vom 5. März 1933 (?)

Ludwig Kusche und Toni Kuchler haben 1966 das Gedicht verändert in den PPA-Nachlassband »PPA lässt nochmals grüßen« übernommen:

Vor dem Isartor

Nur noch die allerletzten Wellenkreise
des lauten Stadtgebrauses
gelangen in dies stille Eckchen:

Ein Sperlingsweibchen auf dem allerletzten Tramgeleise
verwandelt einen groben Pferdemist
behutsam in ein mildes Spatzendreckchen.

Der Lenz ist kommen,
wohl über Nacht ...

Es frühlingt und es lenzet jetzt,
der Wintermantel wird versetzt.

Wer einen Pelz hat, mottet ihn
nun ein mit etwas Trylisin,

damit er nicht das Haar verliert;
die Sache ist schon patentiert.

Man trägt den Hals jetzt wieder freier
trotz Krise und trotz Pleitegeier,

denn es ist trotz und allem Lenz,
und zwar mit aller Vehemenz.

Die Bäume schlagen dieses Jahr
genau so aus, wie's früher war.

Hochachtungsvoll

               George on Zola

WaS, Nr. 12 vom 19. März 1933, S. 6.

Musikalisches Alphabet

Allegro heißt: mit Temperament,
der Ahorn ist kein Instrument.

Johann Sebastian Bach ist bekannt,
die Bachstelze ist nicht nach ihm benannt.

Crescendo heißt: man werde kräftig,
man spiele Chopin nicht zu heftig.

Duett ist ein Gesang zu Zweien,
bei dem sich (manchmal) Dritte freuen.

Würd' Elsa mit dem Es-Horn sich verirren,
wie sollt man nachher dieses inszenieren?

Fanfaren werden meist geblasen auf Trompeten
und weniger (oder nie) auf Flöten.

Die Gitarre wird gezupft,
der Gugelhupf wird nicht gehupft.

Die Harfe ist für sanfte Weisen, zum Begleiten,
die Hornhaut will für die Musik nicht viel bedeuten.

Der Jazz ist nicht von J. S. Bach,
der Igel braucht kein Schlafgemach.

Der Kontrapunkt wird rundgefunkt,
selbst bis zum fernsten Forstadjunkt.

Dem Minnesänger dient die Laute,
im Liede zu gestehn, was er sich sonst nicht traute.

Der Mehlwurm ist kein Wäschestrick,
das Magenknurren ist keine Musik.

Das Nebelhorn, selbst in geschickten Händen,
ist im Orchester schwerlich zu verwenden.

Die Oper endet mit Applaus,
der Odl ist kein Ohrenschmaus.

Der Postillon von Lonjumeau
sitzt auf dem Bock mit dem Popo.

Quartette (meistenteils zu Vieren)
tun zur Quadrille quinquillieren.

Die Rhapsodie singt der Rhapsode,
der Radi kommt nie aus der Mode.

Man singt Sopran, Baß, Alt, Tenor,
einzeln als Solo, zusammen im Chor.

Zum Trillern braucht man gute Kehlen,
Tanzmelodien kann man stehlen.

Die Unken singen nicht wie Meisen,
der Ungar liebt Zigeunerweisen.

voll Verve, Schmalz und Margarine.
Er spielt sie mit der Violine

Wien ist die Walzermetropole,
aus Weißwürscht' braut man keine Bowle.

Wenn Xerxes mit dem Xylophon –
nein, nein, das wäre anachron,
denn Xerxes und auch Xenophon,
die kannten nicht das Xylophon.

Bei Y ist nicht viel zu sehn,
Ysaye vielleicht, Ysaye Eugene;
als Geiger lebte er in Brüssel,
das ist nicht viel, doch immerhin ein bissel.

Zum Schlusse kommt das Z jetzt dran,
und was wohl? – Zar und Zimmermann.

George on Zola

Das Lied
vom stillen Heldentum
von Peter Paul Althaus

Ich weiß nicht, ob ich gebührend bemerkt,
und ob die Welt von mir spricht;
am Abend, wenn ich getagewerkt,
gewaschen, gestöbert und Hemden gestärkt,
da bin ich so müd' und da kümmert's mich nicht.

Ich heiße Frau Müller, Frau Schulze, Frau Schmidt,
ich steh' am Waschfaß zwölf Stunden
mit Krampfaderbeinen, mit Asthma und mit
sechs Kindern und einen Mann, der seit dritt-
einhalb Jahr keine Arbeit gefunden.

Ich heiße Frau Kunze, Frau Maier, Frau Brandt,
ich habe der Namen Millionen,
ich woh'n an der Rhön, an der Waterkant,
ich wohne in Preußen, im Bayerland,
ich wohne, wo Menschen wohnen.

Ich bin der große, große Verein
all derer, die tragen und schweigen;
sie alle sind in meinen Reih'n,
die ihr Leid nicht in die Welt hinaus schrei'n
und die, was sie tragen, nicht zeigen.

Ich bin das Stille Heldentum,
ich werde niemals laut;
nur wenn ich sterbe, geht um und um
ein Schrei durch die Welt; der Schrei ist stumm –
doch wer ihn höret, den graut – –

WaS, Nr. 13 vom 26. März 1933, S. 6.

O WIE SCHÖN –

O wie schön – sind S e l b s t g e s p r ä c h e !
Keiner sagt: »Erlaube mal –«
Keiner unterbricht;
Keiner sagt: »Im Gegenteil !!!«
Keiner widerspricht –
o, wie schön sind Selbstgespräche!

O, wie friedlich ist ein Selbstgespräch!
Immer bist du d e i n e r Meinung,
glaubst dir jedes Wort;
brauchst dir gar nichts zu beweisen
und verstehst sofort –
o, wie friedlich ist ein Selbstgespräch!

Wie verständlich ist ein Selbstgespräch!
Niemals brauchst du wiederholen,
was du grad' gesagt,
weil dich niemand ungeduldig
»Bitte ???« fragt.
Wie verständlich ist ein Selbstgespräch!

O, wie reibungslos sind Selbstgespräche!
Über Politik und Frauen,
über Kunst, Kultur –
sage, was du willst, es gilt
e i n e (deine) Meinung nur –
o, wie reibungslos sind Selbstgespräche!

O, wie offen sind die Selbstgespräche!
Brauchst nicht hinter'm Berg zu halten
mit dem, was du denkst,
kannst dich gänzlich frei entfalten,
weil du niemand kränkst –
o, wie offen sind die Selbstgespräche!

O, wie herzlich sind die Selbstgespräche!
In Gesprächen mit dir selber
sagst du nie: »Gesetzten Falles – «
In Gesprächen mit dir selber
weißt (von vornherein) du – alles!
Wie e r s p r i e ß l i c h sind die Selbstgespräche!

Hochachtungsvoll

George on Zola

Brütend über einem Osterei ...

frage ich mich: Wer sagt eigentlich dem Osterei,
daß es ein O s t e r e i – – sei?

Wenn ich dich, o Osterei, mal so richtig anschaue,
muß ich gestehn, daß ich dir gar nicht traue,

denn womit verdienst du den Vorzug unter den zahlreichen
gewöhnlichen Hühnereierprodukten deinesgleichen,

den Vorzug, frage ich, ein O s t e r e i zu sein?
Bist du aus besonderem Holze? Ist deine Schale aus Alabasterstein?

Hatte das Huhn, das dich legte, o Osterei,
irgendeine besondere Absicht dabei?

Hast du sonst ein besonderes Verdienst?
Bist du mehr, als du von außen schienst?

Liegt dein Wert, der dich zum Osterei erhob,
in deinem Inneren? Gebührt deinem Dotter ein eigenes Lob?

Mitnichten, denn innen, soweit man einen Blick in dein Inneres
    kann tun,
bist du genau dasselbe, wie alle anderen Eier: ein unausgebrütetes
    Huhn!

Was dich zum Osterei macht (das sagt einem schon der gesunde
    Menschenverstand)
ist weiter nichts, als deine bemalte Schale, deine bunte Außenwand!

Aber die Frage ist hier nicht, was dich zum Osterei m a c h t,
nicht dein buntes Gewand und deine äußere Pracht,

sondern was dich, b e v o r du angemalt und aufgeputzt und geziert –
was ausgerechnet dich, du gewöhnliches Ei, zum O s t e r e i prädestiniert.

Ist es der Umstand, daß du gerade zu Ostern gelegt,
was dir die besondere Ehre, ein Osterei zu sein, einträgt?

Was machte, da wir gerade von Eiern sprechen (die Frage nur so nebenbei)
das berühmte Ei des Kolumbus eigentlich zum Kolumbusei?

Ich meine nicht die Eigenschaft, daß es auf der Spitze stand,
sondern: Warum nahm Kolumbus für seinen Versuch gerade das später so berühmt gewordene Ei des Kolumbus zur Hand?

Eier gibt es wie Steine in der Wüste, wie Sand am Meere,
aber warum kommen gerade nur ein paar wenige zu der besonderen Ehre,

Ostereier zu werden, wo doch ein Ei dem anderen gleicht, wie ein Ei dem anderen Ei?
Muß man sich nicht baß verwundern, warum dem so sei?

Ja, das sind Fragen, die einem, wenn man ihnen auf den Grund geht, den Schlaf rauben!
Das Einfachste ist: W i e d e r a n d e n O s t e r h a s e n z u g l a u b e n.

Hochachtungsvoll

George on Zola

WaS, Nr. 16 vom 16. April 1933, S. 6.

Statistisches

Die Kinder
der Inder
das sind die I n d e r k i n d e r.
Wenn diese Kinder wieder größer sind,
dann sind sie nicht mehr länger Kind,
dann sind die Inderkinder
erwachsene, richtige Inder,
und zeugen nun als Inder
von sich aus – wieder Kinder.

Die Kinder
d i e s e r Inder
sind w i e d e r Inderkinder;
die bleiben auch nicht ewig Kind,
und wenn sie groß geworden sind,
dann nehmen sie zum Zeitvertreib
zwecks Ehestand ein Weib
und zeugen wieder Kinder.

Die Kinder dieser Kinder
sind selbstverständlich Inder;
sie bleiben auch nicht ewig Kind,
und wenn sie heiratsfähig sind – –
was jetzt kommt, sieht ein Blinder – – –
natürlich wieder Kinder, und Kinder,
und Kinder – Kinder – Kinder –
und immerzu sind's Inder.

So kommt es, daß in Indien
fast 300 Millionen
Inder wohnen.

Hochachtungsvoll

George on Zola

WaS, Nr. 17 vom 23. April 1933, S. 9.

Es dürfte sich dabei um die erste Fassung des Gedichtes von PPA handeln. Zum Vergleich sei einmal auch die spätere genannt:

DIE KINDER DER INDER

Die Kinder
der Inder,
das sind die Inderkinder.
Wenn diese Kinder größer sind,
dann sind sie nicht mehr länger Kind;
dann sind die Inderkinder
erwachsne, richt'ge Inder
und außerdem noch Sünder
und kriegen wieder Kinder.

Die Kinder dieser Inder
sind Inderkindeskinder.
Die bleiben auch nicht ewig Kind.
Und wenn sie groß geworden sind,
dann nehmen sie zwecks Zeitvertreib
und zwecks auch sonst ein Eheweib;
und die Familiengründer,
die kriegen wieder Kinder.

Auch Kinder dieser Kinder
sind Inderkinderkindeskinder.

Die wachsen auf, die werden groß,
dann geht's von Neuem wieder los:
Sobald sie heiratsfähig sind
(das geht in Indien sehr geschwind) –
Was jetzt kommt sieht ein Blinder,
es holt aus dem Zylinder
kein Zauberer geschwinder
die vielen, vielen Kinder –
u n d   i m m e r z u   s i n d 's   I n d e r.

So kommt es, daß in Indien
(das muss man mal verkündigen!)
vierhundert Millionen
Inder wohnen.

Das Lied vom Vertreter

Es klingelt draußen an der Tür.
Wer ist es? – Ein Vertreter für

Postkarten oder Taschentücher,
Laubsägemehl, Erbauungsbücher,

Waschseife, Bürsten, Blitzableiter,
für Sockenhalter und so weiter.

Vertreter sein, das ist sehr schwer.
Da sagt man seine Sprüche her,

da muß man reden überall
wie ein gelernter Wasserfall,

da muß der Schnabel gehn, als ob
ein Gaul ihn triebe im Galopp,

da muß das Mundwerk rennen, wie
ein Schwungrad in der Industrie.

Man redet oft auch blauen Dunst.
Vertreter sein ist eine Kunst.

Da muß man überzeugen können,
da muß man vor Begeist'rung brennen

für seine Ware, ob es nun
Hausleinen, Seide, ob Kattun –

man muß den Käufer überzeugen,
man muß die Widerstände beugen,

muß unab-unablässig sprechen,
man muß die Widerstände brechen,

man muß des Käufers Kauflust kitzeln,
muß je nach Lage ernst sein, witzeln,

man muß vor Optimismus strotzen –
Vertreter sein, das ist zum Kotzen.

Man spricht nicht nur, man muß auch zeigen
den Vorzug, der den Waren eigen,

die als Vertreter man vertritt.
Vertritt man beispielsweise Kitt,

so muß man um den Glasschrank bitten –
zerschlägt ihn, tut ihn wieder kitten,

und dieses überzeugt den Käufer
mehr noch als aller Redeeifer –

sofern man nicht wird rausgeschmissen.
Vertreter sein, das ist besch-werlich!

Vertritt man Mäh-, Näh-, Sämaschinen,
so muß man diese zu bedienen

und vorzuführen auch verstehn,
sonst würde das Geschäft nicht gehn.

Meist geht es ja auch nicht besonders,
die Leute kaufen meist wo-onders!

Es ist zum Jungehundekriegen –
Vertreter sein ist kein Vergnügen.

Vertritt man Cognac oder Wein
(Grüß Gott, tritt ein, bring Glück herein!)

muß man den Kunden animieren,
den Wein, den Cognac zu probieren,

muß selber trinken, voll Behagen,
»O!« seufzen (aber sonst nichts sagen) –

und wenn der Kunde sieht, man säuft,
so säuft der Kunde auch – und käuft.

Vertritt man and're Flüssigkeiten –
stets, um den Kunden zu bedeuten:

die Sache kann man ganz getrost
probieren – na, dann also Prost!

Gesundheitspulver, Schlankheitspillen,
Huflattich, Knoblauchsaft, Kamillen –

stets muß man vor des Kunden Augen
beweisen, daß die Mittel taugen.

Vertreter sein ist mehr als Plagen,
Vertreter sein geht durch den Magen – – –

Vertretung aber für Laxin,
ist für Vertreter der Ruin.

Hochachtungsvoll

George on Zola

Neue Möglichkeiten betreffs Telephonbuch

Sonntags, wenn es regnet, ergehe ich mich zuweilen
in oder zwischen des Telephonbuches Zeilen.

Denn fürwahr, das Telephonbuch ist für Sonntage mit Regen –
wenn man das Telephonbuch einmal richtig begriffen hat, ein
  wahrer Segen.
Es ersetzt dir, wenn du es recht und sinnig gebrauchest und be-
  nützest,
Kino und Café oder wo du sonst, wenn es Sonntags regnet, sitzest.

Wenn du dich einmal wie ein Bücherwurm durch die Zeilen des
  Telephonbuches windest, –
du glaubst nicht, was du da alles entdeckst und findest!

Schon auf der ersten Seite kannst du beispielsweise die Nummer
  der »Alpinen Rettungswache« ersehen;
die kannst du anrufen, wenn dir aus irgendeinem Grunde die
  Haare zu Berge stehen.
Hinten kannst du in den verschiedensten Bezugsquellen baden
  und plätschern,
und du findest dort auch alles Zugehörige von den Badeöfen bis zu
  den Kartoffelquetschern,
welch letztere man zum Baden zwar nicht unbedingt benötigt,
was aber die Reichhaltigkeit des Bezugsquellenverzeichnisses be-
  stätigt.

Aber damit sind die Möglichkeiten des Telefonbuches an regneri-
  schen
Sonntagen noch lange nicht erschöpft. Um z. B. dein Gedächtnis
  aufzufrischen,

kannst du die Nummern auswendig lernen, oder alle Namen mit
   B oder Z, –
das ist immerhin nützlicher, als lägest du faul oder untätig im Bett.

Wenn du Meier heißen solltest, oder Maier oder Meyer, dann
   wirst du staunend die Augen aufreißen,
wieviel andere Meiers, Maiers oder Meyers außer dir noch Meier,
   Maier oder Meyer heißen.

Ja, viele Dinge kann man mit einem Telephonbuch treiben;
leider reicht der Platz nicht, um sie alle ausführlich zu beschreiben.

Ich will hier nicht erzählen, was ich letzten Sonntag, weil es da
   geregnet hat,
liegend auf dem Sofa mit meinem Telefonbuch tat:
Letzten Sonntag habe ich mein Telefonbuch als Zoologischen Garten benützt –
und ich muß sagen, es ist ein schönes Gefühl, wenn man auf dem
   Sofa liegend im Zoologischen Garten sitzt.
31 Adler, 1 Barsch, 19 Bären, 1 Dachs, 4 Eber, 5 Eich- und 6 Einhorne, 3 Reiher,
8 Falken, 17 Finken, 67 Füchse, 2 Gänse, 9 Hechte, 51 Hirsche,
   8 Geier –
(welcher andere Zoologische Garten
kann mit 6 E i n h o r n e n aufwarten?)
1 Igel, 30 Wölfe, 6 Spatzen, 1 Stieglitz, 1 Trappe, 1 Kitz, 4 Lämmer,
   1 Otter, 3 Raben,
36 Hähne, 3 Hennen, die zusammen 12 Würmer haben –
das ist doch schon ein ganz ansehnlicher Bestand,
   und für einen Zoologischen Garten in der Größe eines Telephonbuches allerhand!

Zuletzt habe ich mir dann noch ausgerechnet, rein zu meinem Privatvergnügen,
wie viele Hähne, bzw. wie viele Hennen, wie viele Würmer kriegen.

So kann man, wenn man genügsam ist, mit ganz geringen Mitteln sich ein Sonntagsvergnügen sozusagen aus dem Ärmel, bzw. aus dem Telephonbuch, schütteln.

Hochachtungsvoll:
G e o r g e on Z o l a

WaS, Nr. 20 vom 14. Mai 1933, S. 8.

Eines temperamentvollen Mannes
LIEBESLIED

Ich liebe dich so sehr, daß ich sonst keinen
Gedanken fassen kann, als d i c h ! – als ob es einzig dich nur gäbe!!
Ich liebe dich so sehr, daß ich mit beiden Beinen
andauernd in den allerhöchsten Wolken schwebe.

Ich liebe dich so sehr, daß ich des Morgens beim Rasieren
die Seife mit der Zahnpasta verwechsele,
und gar nicht merke, daß die Zahnpasta sich nicht zu Schaum läßt
    rühren,
wenn ich mit Zahnpasta zum Zwecke des Rasierens mein Gesicht
    beklecksele.

Ich liebe dich so sehr, daß ich mit einem braunen
und einem schwarzen Schuh vorgestern ins Büro gegangen;
Und außerdem, das sah ich erst am Mittag, voller Staunen,
den rechten Schuh am linken Fuß – so lieb ich dich, so groß ist
    mein Verlangen!

Ich liebe dich in allen Heiratsinseraten,
denn du b i s t alles, was zu sein b e h a u p t e n jene heiratslust'gen
    Damen;
ich liebe dich in allen Schuh-, Strumpf-, Büstenhalter-, Filmplakaten,
ich liebe dich in allen Zahn-, Haar-, Puder-, Nagellackreklamen.

Ich liebe dich so sehr, daß ich in jedem Autohupentönen
ein Kosewort von dir für mich vernehme – –
Es gibt so furchtbar viele Autos, – Kind, du darfst mich nicht ver-
    wöhnen,
sonst falle ich mit meiner Liebe ins Extreme!

Herzlich
                                            George on Zola

WaS, Nr. 21 vom 21. Mai 1933, S. 12.

LOB DES WEISEN MANNES
(Ein Lied, quasi zur Belehrung)

Gewiß, wir ahnen alle und wir haben längst die Einsicht,
daß nichts auf dieser Welt vollkommen sei;
Für viele Leute ist dies äußerst ärger- oder peinlicht,
jedoch der Weise w e i ß es, und ihm ist es einerlei.

Es gibt wohl nichts, was einen wirklich Weisen
aus seiner weisen Ruhe bringen könnte;
ein wirklich weiser Mann wird nie entgleisen,
denn Weisheit gründet sich auf Bändigung der Temperamente.

Ob der Barbier ihn beim Rasieren zehnmal schneidet,
ob ihm die neue Hose hat der Schneider viel zu kurz gemacht,
ob ihn der Zahnarzt schindet, seine Frau das Leben ihn verleidet –
der weise Mann ist weise – und er lacht.

Ob der Gerichtsvollzieher kommt und pfänden will
(bei weisen Männern ist zumeist nicht viel zu holen) –
der Weise hält in allen Lebenslagen still
und lächelt leise, weise und verstohlen.

Er weiß (was wir im Grunde alle wissen):
Daß nichts vollkommen ist auf dieser Welt.
Nur tut er eins (was wir noch lernen müssen):
Da ß   e r   s i c h   d e m e n t s p r e c h e n d   a u c h   v e r h ä l t !

Hochachtungsvoll
George on Zola
(Nachdruck und Vortrag verboten)

WaS, Nr. 23 vom 4. Juni 1933, S. 11.

Eine Aktie singt:

Ich bin so ganz gewissenlos,
von Herz hab' ich nicht die Spur,
ich leb allein dem Gelde bloß,
denn das ist meine Natur.

Ich bin eine gefallene Aktie,
hab manchen um alles gebracht;
ich bin eine gefallene Aktie,
darum nimm dich vor mir in Acht.

Ich hab schon manchen Mann ruiniert,
ganz heimlich über Nacht;
was kümmert es mich, wenn ein Spieler verliert?
Ich habs ja gewußt, ich hab mir gedacht:

Ich bin eine gefallene Aktie,
hab manchen um alles gebracht,
ich bin eine gefallene Aktie,
darum nimm dich vor mir in Acht.

Mein Kurs, der führt immer tiefer herab,
und bald bin ich gar nichts mehr wert;
und der Allerletzte, der stößt mich dann ab –
ich hab an der Börse zu lustlos verkehrt:

Ich bin eine gefallene Aktie,
hab manchen um alles gebracht,
ich bin eine gefallene Aktie,
darum nimm dich vor mir in Acht.

George on Zola
(Nachdruck und Vortrag verboten)

WaS, Nr. 24 vom 11. Juni 1933, S. 11.

Lied einer Ringerbraut

O, welche Lust
für eine Brust
wird sie der Liebe
sich bewusst!
Die Lust wird Glück,
das Glück wird laut,
und singt als Braut –
als R i n g e r b r a u t :

Die Braut von einem Ringer,
die wickelt einen Ringer um den Finger,
denn ein Ringer ist trotz seiner Muskelkraft
so milde im Gemüt wie Rhabarbersaft.

Wenn die Muskeln des Ringers strotzen,
kann die Braut mit denselben protzen,
denn nicht jeder Mann ist wie ihr Bräutigam gebaut,
und nicht jedes Mädchen eignet sich zur Ringerbraut.

Die Braut des Ringerathleten
kann den Besagten wie weiches Wachs kneten,
denn ein Ringer ist trotz allem Athletenspeck
so milde im Gemüt wie Spatzendreck.

Im Zirkus muß der Ringer ringen
und die allerstärksten Männer bezwingen;
Wenn der Ringer seinen Gegner auf die Matte legt,
hei, wie stolz das Herz der Ringerbraut dann schlägt!

Doch zu Hause, da wickelt den Ringer
die Braut, wie gesagt, um den Finger,
denn ein Ringer ist trotz seiner Muskelgestalt
so weich im Gemüt, wie gekochter Asphalt.

Privat sind nämlich die Ringer
so zahm wie Kaninchen im Zwinger;
Der Ringer ist zufrieden, wenn er gut verdaut,
das weiß am besten die Ringerbraut –

Und aus diesem Grunde wickelt um den Finger
die Braut des Ringers den Ringer,
denn ein Ringer ist trotz seines Bizepsballast
um den Finger zu wickeln wie Leukoplast.
Ahoi!

Im Namen aller Ringerbräute
Hochachtungsvoll

George on Zola

NÄCHTENS IN DEN POSTANSTALTEN

Nächtens in den Postanstalten
gehen böse Geister um,
und sie walten und sie schalten
gleich als wär'n die Postanstalten
ihr verbrieftes Eigentum.

Nächtens in den Postanstalten
ist ein heimliches Gewühl;
Diese Geister und Gestalten,
diese teuflischen Gewalten
treiben dort ein ruchlos' Spiel.

Nächtens in den Postgebäuden
holen diese bösen Geister,
holen sie mit allen beiden
Händen aus den Eingeweiden
einen klebrigen Kleister,

und den tun sie in die Tinte,
die das Publikum benutzt;
Und sie wird wie Terebinthe
(Terpentine, nichtverdünnte),
ganz verdickt und ganz verschmutzt.

Und dann gehn die Spukgestalten
an die Federhalter ran;
Einer tut den Halter halten
und ein Zweiter tut mit kalten
Augen ihm ein Leides an;

Beißt mit scharfen Wolfeszähnen
von der Feder ab die Spitze,

zieht ein Haar aus seinen Mähnen,
flicht es ein und spricht mit Höhnen:
»So, die ist zu nichts mehr nütze!«

Und so treiben sie's mit allen
Haltern für das Publikum.
Nächtens in den Postanstalten,
von Neuschwanstein bis Pillkallen,
gehen böse Geister um.

Hochachtungsvoll

                                                                     George on Zola

Trauermarsch für einen Zahn
(sehr getragen)

Du Zahn, du Zahn,
du hohler Zahn,
der du so lange
weh getan –
nun bist du ausgezogen!

Zieh ruhig weiter
deine Bahn,
du tust jetzt
kein Leid's mehr an –
die Schmerzen sind verflogen!

Gewiß, gewiß,
für mein Gebiß
bist du nicht mehr
ein Ärgernis –
du bist nicht mehr vorhanden!

Doch d a s grad' ist's,
was mich jetzt schmerzt,
daß dich der Zahn-
arzt ausgemerzt,
wo ich mit dir
mich ausgesöhnt,
wo ich mich an
den Schmerz gewöhnt –
jetzt, wo wir uns verstanden,
jetzt kommst du mir abhanden!

Hochachtungsvoll

George on Zola

WaS, Nr. 29 vom 16. Juli 1933, S. 6.

Telefon-Tastereien

Am vergangenen Sonntag hat es wieder einmal in Strömen gegossen;
Ich habe viele Leute durch die Plinganserstraße gehen sehen, die waren diesethalben sehr verdrossen,
ich jedoch, für meine Person, habe diesen verregneten Sonntag wieder einmal sehr genossen.

Vielleicht erinnert sich der eine oder andere geneigte Leser, bzw. Leserin,
daß ich, George on Zola, eine Art Genie im Genießen von verregneten Sonntagen bin;
Vielleicht erinnert sich der eine oder andere geneigte Leser, bzw. Leserin, weiterhin,
daß ich mir an verregneten Sonntagen ganz besondere kindliche Spiele erfinde
(frei nach Nietzsche, nach welchem Philosophen ein Mann im Kinde
oder vielmehr ein Kind im Manne ist), damit ich die Langeweile verregneter Sonntage überwinde.

Da habe ich mir z. B. früher mal ein Spiel mit dem Telephonbuch erdacht,
indem ich mir aus dem Telephonbuch einen zoologischen Garten gemacht – –

Am vergangenen Sonntag hat es nun wieder (wie bereits oben mitgeteilt) geregnet,
und da habe ich diesen Sonntag nicht, wie die Leute in der Königinstraße, geflucht, sondern denselben gesegnet;

Gerade die verregneten S o n n tage sind es, die man nützlich anwenden kann,
denn an verregneten W o c h e n tagen hat man keine Zeit für das Kind im Mann.

Am vergangenen Sonntag nahm ich mir wieder das Telephonbuch
vor, und zwar diesmal das Bezugsquellenverzeichnis,
und ich übertreibe nicht, wenn ich sage: Das Bezugsquellenverzeichnis wurde für mich zu einem Ereignis.
An diesem e i n e n Sonntag habe ich so viel gelernt, wie andere Leute nicht lernen in 10 Jahren.
Warum? Weil sie am falschen Orte, nämlich am Telephon sparen!
Übrigens kam die ganze Sache mit dieser sonntäglichen Belehrung durch einen Zufall zustand,
weil ich nämlich dieses Gedicht schreiben wollte und keinen Bleistift fand.

Was lag näher, als im Telephonbuch nachzusehen, bei den Bezugsquellen,
und mir schleunigst bei einer diesbezüglichen Firma telefonisch einen Bleistift zu bestellen.

Vorausschicken möchte ich noch, daß ein Freund, ein Gönner, mir zu meinem Namenstag (der am Tag vorher)
ein Namenstagsgeschenk gemacht hatte, nämlich eine große Flasche Likör.

Ich suchte also im Bezugsquellenverzeichnis nach einer Bleistiftfirma oder dem Namen des Inhabers,
um mir einen Bleistift für mein Gedicht zu bestellen, oder gleich drei, einen von Kohinoors, einen von Castells und einen von Fabers –

und da stieß ich beim Suchen im Bezugsquellenverzeichnis auf die Rubrik »D i c h t u n g s m a t e r i a l« –
und was lag näher, als daß ich mir sagte: Da telephonierst du mal und bestellst dir keinen Bleistift, sondern da bestellst du dir sofort das ganze fix und fertige Gedicht,
denn sonst wäre diese Firma doch keine Dichtungsmaterialienfirma nicht!!

Ich setzte mich also telefonisch mit der Dichtungsmaterialienfirma in Verbindung; Der Chef war selbst am Apparat,

und als ich ihm nun die Sache auseinandersetzte und um sofortige
   Lieferung eines fix und fertigen prima ff Gedichtes bat,
da sagte der Chef der Dichtungsfirma (seine Stimme war rauh und
   knarrte wie knirschender Harsch) –
etwas, das ich nicht verstanden habe, aber es klang sehr barsch.

Und den Mann nun zu fragen, was er eigentlich gemeint hatte
   – denn er hatte plötzlich eingehängt, –
rief ich noch mal an; Ob ich nun die falsche Nummer gewählt oder
   ob sich jemand dazwischen gemengt –
es meldete sich eine G a s m e s s e r f i r m a und ich benutzte die
   Gelegenheit, zu fragen,
resp. ich bat die Gasmesserfirma (man kann ja nie auslernen) mir
   zu sagen –
sind Sie noch da? – ja– – bitte – – hallo – –
ja, ich möchte gerne wissen und mich erkundigen, warum und
   wieso
es jetzt G a s m e s s e r gibt, ich hatte bis jetzt keine Ahnung, daß
es Messer für Gas gibt und daß man das Gas
schneiden kann; Bei uns zu Haus fließt es einfach so aus dem Hahn,
und wenn Sie mir bitte auch noch sagen möchten, ob man mit den
   Gasmessern Bleistifte anspitzen kann – –

weiter kam ich nicht, denn der Gasmessermann sagte laut und er-
   hoben:
(siehe bei der Dichtungsfirma oben.)

Weil ich nun wieder nicht verstanden hatte, was der Gasmesser-
   mann in das Telephon gebrüllt,
so habe ich mir etliche Gläser mit meinem Likör gefüllt,
und so wurde die andere Hälfte der Likörflasche leer,
und dann nahm ich mir von neuem das Bezugsquellenverzeichnis
   her,
um die Nummer der Gasmesserfabrik zu erkunden
und durch erneuten Anruf mein Wissen über Gasmesser zu er-
   gänzen und abzurunden;

Als ich nun so die Gasmessernummer suche, da fällt mein Auge
   auf das Wort K o k o s l ä u f e r f a b r i k a t i o n
und – ich weiß nicht warum, ich dachte sofort an die Olympiade
   und an Marathon,
und anstatt die Gasmessernummer anzurufen, rief ich die Kokos-
   läuferleute an und sagte,
sie möchten entschuldigen, daß mich die Neugier plagte,
aber es regnet heute so sehr und da könne man nichts Besseres
   treiben,
als seine Allgemeinbildung aufzufrischen und belehrende Ge-
   dichte zu schreiben,
und dazu bräuchte ich von der Kokosläuferfabrik eine Auskunft in
   folgender Sache:

Wie schnell so ein Kokosläufer sei und in wie viel Sekunden er 100
   Meter mache,
und ob es auch Langstreckenkokosläufer gäbe und Kokoshürden –
und ob dieselben auf der nächsten Olympiade starten würden – – –

weiter kam ich nicht, denn der Kokosläufermann sagte laut und
   erhoben:
(siehe bei der Gasmesser- bzw. Dichtungsfabrik oben.)

Eine K e h l l e i s t e n f a b r i k gab mir auf meine Anfrage, ob
   sie sei bei Leistenbrüchen
Bruchbänder anlegten, als Antwort einen Fluch, einen fürchter-
   lichen.

Eine G e m ä l d e r e s t a u r a t i o n, von der ich wissen wollte,
   was es Gutes heute zu essen gäbe, antwortete mir:
ich könnte ihr – – –

Bei B ü r s t e n u n d B e s e n fragte ich, denn ich hatte das mal
   gelesen,
ob sie wirklich so gut kehrten, die neuen Besen.
›Bürsten und Besen‹ sagten weder Ja noch Nein,
sondern hängten ein.

Eine P f e r d e h a n d l u n g, die ich um Auskunft bat, wie weit der Apfel vom Rosse fiele,
antworteten mir in demselben Stile.

Eine P e r l e n f i r m a, die ich wegen der bekannten Säue um Aufklärung ersuchte,
fluchte.

Ein P f l a s t e r g e s c h ä f t, das ich wegen Heftpflaster antelephonierte,
fragte, warum weiß ich nicht, ob ich mich nicht genierte.

Ein S c h w e i ß a p p a r a t e – U n t e r n e h m e n, das ich fragte, wie es in diesem kühlen Sommer überhaupt Geschäfte machte,
sagte gar nichts, sondern die Schweißapparateleute lachten.

Eine L e i m f i r m a, die ich um Auskunft bat, was sie täten, wenn ihnen einer auf den Leim ginge, sagte, daß sie sich solche blödsinnigen Fragen verbäten.

Eine L i c h t p a u s e a n s t a l t, von der ich eine Begutachtung des neuen Pausenzeichens des bayrischen Rundfunks haben wollte,
sagte, daß ich irgendetwas, was ich nicht verstanden habe, sollte.

Noch viele Firmen habe ich angerufen und so mein Wissen erweitert,
und mir außerdem auf angenehmste Weise einen trüben und verregneten Sonntag erheitert.
Und am nächsten verregneten Sonntag nehme ich mir (das sollten Sie auch tun) wieder das Bezugsquellenverzeichnis her,
denn was Hänschen nicht lernt, lernt Hans nimmermehr.

Hochachtungsvoll
G e o r g e o n Z o l a

WaS, Nr. 30 vom 23. Juli 1933, S. 6.

Hundstagebuchblatt

In diesen Hundstagen kann kein Mensch einen vernünftigen Gedanken fassen;
Wenn man nicht denken kann, sollte man eigentlich das Denken bleiben lassen –
aber ich, George on Zola, bin nun einmal (ich möchte fast sagen: zu meinem Bedauern)
ein Dichter und Denker, und darum muß ich auch dichten und denken, wenn ich es nicht kann, und das ist in der sauern
Gurkenzeit (bzw. Hundstagen), in denen wir uns augenblicklich befinden,
wie gesagt, sehr schwer, weil einem da die Gedanken sozusagen unter den Fingern verschwinden.

Das war voriges Jahr um diese Zeit so, das ist jetzt so: Es fällt einem nichts ein, rein gar nichts;
Und als die Redaktion der WaS anrief und fragte: »Herr George on Zola, was ist eigentlich betreff
Ihres wöchentlichen Wochengedichts?«,
da sagte ich: Ich wäre nur die Zugehefrau und Herr George on Zola sei nicht daheim, sondern zumSchwimmen.
Ich hörte die Redaktion murmeln, das könne nicht stimmen,
aber das war mir ganz egal, denn diese Woche kann ich weder dichten noch denken,
übrigens kann ich auch nicht schwimmen, ich muß mir sogar das Baden schenken,
denn mein V o l l b a r t saugt sich, wenn ich baden gehe, sofort voll Wasser,
und er übt dann eine Wirkung aus, wie ein Riesenschwamm, ein nasser,
und er wird so schwer, wie ein Sack voll Blei, und wer sich je einen Sack voll Blei beim Schwimmen um den Hals gebunden,
der weiß Bescheid, d.h., er weiß nicht Bescheid, denn einen solchen hat man noch nie lebendig wieder gefunden.

Ich bin jetzt 92 Jahre alt und habe seit 79 Jahren nicht mehr gebadet,
und das hat mir, soweit ich das bis jetzt feststellen konnte, mehr genützt als geschadet.

Früher, als ich das Baden für eine nützliche Sache gehalten,
habe ich mir beim Baden von Fischern und Schiffern einen alten Kahn gemietet und meinen Vollbart drauf gelegt und bin so hinter meinem Kahn her gebadet,
und das hat meiner Gesundheit und vor allem meinem Leben auch so lange nicht geschadet,
wie der See oder der Fluß, oder wo ich sonst mein Bad genommen, ruhig war; Aber in dem Augenblick wo stürmische Wellen gekommen
und nach meinem Bart schnappten und ihn naß machten, wurde derselbe so schwer,
daß der Kahn, auf dem mein Vollbart lag, unterging, und ich hinterher.

Nachdem ich dreimal aus dem Starnberger- und zweimal aus dem Kleinhesselohersee von Tauchern herausgeholt worden bin,
sagte ich mir, der Wassersport habe für mich keinen rechten Sinn.

Ich hätte ja meinen Vollbart abnehmen lassen können, aber 1. bin ich stolz auf meinen Vollbart, weil er mir steht,
und dann habe ich ihn 2. von meinem Großvater geerbt und trage ihn also aus Pietät,
und 3. trage ich ihn, weil er nützlich ist. Manche Leute nennen Vollbärte höhnisch »Sauerkohl«,
aber diese Leute haben unrecht; denn verehrte Leser, was glauben Sie wohl,
was ich mit meinem Vollbart allein an Hemden spare?

Unter einem Vollbart sieht man das Hemd ja nicht; ich trage meine Hemden J a h r e,
ohne sie waschen lassen zu müssen, wie andere Leute sie alle Nase lang waschen lassen müssen.

Füglich darf ich behaupten, daß Leute, die Vollbärte »Sauerkohl«
nennen, von der Nützlichkeit der Vollbärte nichts wissen.

Was meinen Sie wohl, was ich durch meinen Vollbart an Kragen
  sparen kann?
Unter meinen Vollbart sieht man es meinem Kragen ja nicht an,
ob ich überhaupt einen Kragen trage oder keinen Kragen trage –
nein, die Nützlichkeit eines Vollbartes steht außer jeglicher Frage!

Bedenken sie nur, was ich allein an Schlipsen spare,
denn anstatt eines Schlipses trage ich ja meine eigenen Haare!

Waschen kann ich mich auch nicht recht, denn ich kann ja durch
  den Haarwuchs nicht bis an die Haut,
und es würde mir gar nichts ausmachen, wenn mir einer mein
  schon lange nicht mehr gebrauchtes Stück Seife klaut.
In meiner gesamten Familie bin ich wegen meines Vollbartes als
  Weihnachtsmann begehrt,
und wenn ich dann komme und habe alle Kinder meiner sämtlichen Verwandten beschert –
und zwar mit Geschenken, die meine Verwandten vorher in meinen Sack gesteckt,
dann braucht Onkel George on Zola nichts mehr zu schenken. Das
  haben die Verwandten bis jetzt noch nicht entdeckt!

Nachts benütze ich meinen Vollbart als Roßhaarmatratze;
Er wärmt, er verhütet Rheumatismus, und zwar besser als das
  teure Fell einer echten Angorakatze.

Einer der größten Vorzüge meines Vollbartes für mich als Dichter
  und Denker aber ist der,
daß ich meine Schreibmaschine daraufstellen kann, und er,
mein Vollbart, wirkt als schalldämpfende Unterlage besser als Filz,
  und meine Schreibmaschine
schreibt auf meinem Vollbart so leise und sanft und lautlos wie
  eine Ölsardine.

Manchmal muß mein Vollbart fort, zum Chemischreinigen, wie
z. B. augenblicklich,
und dann kann ich nicht Schreibmaschine schreiben und nicht
dichten und nicht denken, und dann bin ich glücklich,
denn in diesen Hundstagen kann kein Mensch einen vernünftigen
Gedanken fassen;
Und wenn man nicht denken kann, soll man das Denken bleiben
lassen.

Hochachtungsvoll

George on Zola

KLEINE ANSPRACHE
EINES TIEFSINNIGEN MANNES
an seine mit ihm streitende Braut
auf dem Odeonsplatz in München.

Die Tauben vom Odeonsplatz,
Wer hat sie taub genannt?
Mir scheint der Name für die Katz.
Die Tauben vom Odeonsplatz,
Die hören allerhand!

Wer mir das sagt, mein lieber Schatz?
Das sagt mir der Verstand!
Wie gut es ihnen auch gelingt,
Als taub dir zu erscheinen. –
Sie lauschen und umtrippeln dich
Und fressen gierig Wort für Wort.
Und fliegen nie ganz einfach fort –
Und sind sie erstmal unter sich,
Dann sagen sie sich ungeschminkt,
Was sie so von dir meinen.

Drum hüte dich, mein lieber Schatz,
Und mach hier keine Sachen!
Weil Tauben vom Odeonsplatz
Dich wie ein Luchs bewachen,
Weil Tauben vom Odeonsplatz
Sich über dich, mein lieber Schatz,
Ganz furchtbar lustig machen.

Und hältst du dich hier nicht im Zaun,
Dann hörst du nachts – bis in den Traum –
Die Tauben vom Odeonsplatz
Aus voller Kehle lachen!

(Moral: Weil ich nicht glaube:
Eine Taube ist eine Taube.)

                                                  (ohne Signatur)

WaS, Nr. 32 vom 6. August 1933, S. 3.

Im Nachlass von PPA fand sich ein zweites Taubengedicht mit dem bemerkenswerten handschriftlichen Zusatz: 11.2. Simpl. Aller Wahrscheinlichkeit dürfte PPA wohl 1933 im Simplicissimus rezitiert haben:

DIE TAUBEN AM ODEONSPLATZ

Die Tauben am Odeonsplatz,
die Tauben am Odeonsplatz,
die Tauben –

die Tauben am Odeonsplatz,
die Tauben am Odeonsplatz,
die haben keinen Glauben –

die Tauben am Odeonsplatz,
die Tauben am Odeonsplatz,
die Tauben, die abscheulichen –

die Tauben am Odeonsplatz,
die Tauben am Odeonsplatz,
die scheißen auf die Heiligen.

                                                  PP. Althaus

Eine Chronik
von Hans Althaus

1920	Inkrafttreten des Versailler Vertrages nach dem 1. Weltkrieg. Zunehmende Inflation auch in Bayern.
1923	9. November: Hitlers Putschversuch scheitert vor der Feldherrnhalle in München. 15. November: Ende der Inflation mit Einführung der Rentenmark und 1924 der Reichsmark.
1924-28	Konsolidierung der Weimarer Republik.
1925	26. April: Wahl des Generalfeldmarschalls Paul von Hindenburg zum Reichspräsidenten nach dem Tode Friedrich Eberts.
1929	24. Oktober: »Schwarzer Freitag« an der New Yorker Börse. Beginn der Weltwirtschaftskrise und Zerfall der Republik mit hoher Auslandsverschuldung, zunehmender Arbeitslosigkeit und Aufschwung der Nationalsozialisten (NSDAP).
1930	Nach einer Abstimmungsniederlage im bayerischen Landtag bleibt Heinrich Held (BVP) als Ministerpräsident geschäftsführend im Amt und zögert, Kronprinz Rupprecht von Bayern zum Generalstabskommissar zu ernennen. Im März 1933 wird Held unter Protesten abgesetzt.
1930-33	System der Präsidialkabinette.
1930	Sturz der Regierung Müller (SPD). Brüning (Zentrum) wird Reichskanzler. Hohe Arbeitslosigkeit im Zuge der Weltwirtschaftskrise.
1931	Zunehmende Radikalisierung des innenpolitischen Kampfes. Zusammenbruch der Banken. In der Nacht zum 6. Juni brennt der Münchener Glaspalast vollständig nieder. Er war 1853/54 erbaut worden. Mit dem Brand wird eine Sonderausstellung, Gemälde deutscher Romantiker und die gesamte soeben eröffnete Jahresausstellung der Münchener Künstlerschaft vernichtet.
1932	Intensivierung der Krise: über 6 Millionen Arbeitslose. 10. April: Wiederwahl Hindenburgs als Reichspräsident. Bei der Wahl am 24. April kommt es zu einer Krise in Preußen. Ministerpräsident Otto Braun (SPD) erhält nicht Mehrheit, sondern NSDAP und KPD, die aber nicht koalieren können. Braun bleibt geschäftsführend im Amt. 30. Mai: Rücktritt Brünings, die Regierung übernimmt am 1. Juni Franz von Papen.

30. Juni: Der bekannte Filmschauspieler Bruno Kastner setzt wegen schwindender Popularität seinem Leben durch Erhängen ein Ende.

13. Juli: Auf der Museumsinsel wird der »Vater-Rhein-Brunnen« von Adolf von Hildebrand aufgestellt, der von 1902-1919 in Straßburg stand.

20. Juli: »Preußenschlag«: Amtsenthebung der geschäftsführenden Regierung Preußens durch Notverordnung. Die Regierungsgewalt in Preußen geht an einen Reichskommissar. Staatsgewalt geht damit auf die Reichsregierung über.

August: Das Innenministerium bringt einen Erlass heraus, der die Freikörperkulturschulen verbietet und bei Badeanzügen den›Zwickel‹ vorschreibt; dieser »Zwickelerlass« sorgt für stürmische Heiterkeit.

17. November: Rücktritt von Papens.

3. Dezember: Kurt von Schleicher wird Reichskanzler.

1933

28. Januar: Rücktritt Schleichers, an dem von Papen maßgeblich beteiligt ist.

30. Januar: Adolf Hitler (NSDAP) wird Reichskanzler, von Papen Vizekanzler.

13. Februar: 50. Todestag von Richard Wagner

27. Februar: Reichstagsbrand.

9. März: Machtübernahme der NSDAP in München.

15. März: Rücktritt der Regierung Heinrich Held (BVP), der seit 1924 bayerischer Ministerpräsident war

21. März: Eröffnung des Konzentrationslagers Dachau.

23. März: Gesetz zur Behebung der Not von Volk und Reich (»Ermächtigungsgesetz«) wird beschlossen. Reichstag überträgt der Regierung die Befugnis zur Gesetzgebung. Reichsregierung kann seitdem ohne Reichstag, -rat und –präsident agieren.

April: Protest der ›Richard Wagner Stadt München‹ gegen Thomas Mann

7. April: Gesetz zur Gleichschaltung der Länder mit dem Reich.

10. Mai: Bücherverbrennung im Lichthof der Münchener Universität.

Juni – Juli: Selbstauflösung der bürgerlichen Parteien, Verbot von KPD und SPD. Alleinherrschaft der NSDAP und Einparteienstaat.

Karl Wolfskehl verlässt Deutschland ins Exil nach Neuseeland. Stefan George stirbt im Exil in Minusio bei Locarno. Viele andere bekannte Künstler und Wissenschaftler flüchten ins Ausland.

INHALT

Vorwort · 5
Apropos – Glaspalast · 11
Tiere sehen dich an · 13
»Schenke praktisch« · 15
Geheimbefehl für 1932 · 19
Warum? · 21
Warum? · 23
Warum immer warum? · 25
Schusters Rappen · 28
Scheinbare Idylle · 29
Das Lied vom kleinen Mann · 31
Theodor · 33
Und die Frau · 34
Das Lied vom Deutschen · 36
Vorspruch zum Goethejahr · 37
Skandalöse Chronik · 39
Die Dame mit der silbernen Autohupe · 40
Das Lied · 42
Die dreizehnjährige Mörderin · 44
Das Lied von der Seele des Blumenkohls · 47
Goethe Akademie · 49
Was ist ein Wirsch ? · 51
Lob des Chiemsees · 53
»Frankenstein« · 55
Das neue Rheinlied · 59
Filmstars Auf- und Abstieg · 63
Lob der sämtlichen oberbayrischen Seen und der königlich
   bayrischen Ruhe · 66
Offener Brief · 68
Der gelobte Preiß · 70
Kleine Abhandlung · 73
Fahrt ins Blaue · 76
Aus dem Erika-Preisausschreiben der WaS · 78
Barockkirche · 79

Das Priem-Wunder · 82
Die Ballade von der Seelenwanderung eines Kohlkopfes · 84
20 Damen der Gesellschaft zittern · 87
Stummer Film · 91
Der Zwickel fällt · 94
Edward · 98
Berauschend oder nicht berauschend · 100
Nonstop-Dichterehrung · 103
Weihnachtsbrief an mich selbst · 107
Etwas verspätete Privatrückschau · 109
Papen, siehe Bismarck · 111
Menschenfresserei in Bayern · 113
Herz auf Taille · 115
Plötzliche Erkenntnis auf dem Heimweg von der
 Redoute · 117
Zum Wagnerjahr · 119
Sonntagsbetrachtung vor der Stadt · 121
Der Lenz ist kommen, · 122
Musikalisches Alphabet · 123
Das Lied vom stillen Heldentum · 126
O wie schön · 127
Brütend über einem Osterei · 129
Statistisches · 131
Das Lied vom Vertreter · 134
Neue Möglichkeiten betreffs Telephonbuch · 137
Liebeslied · 140
Lob des weisen Mannes · 141
Eine Aktie singt: · 142
Lied einer Ringerbraut · 143
Nächtens in den Postanstalten · 145
Trauermarsch für einen Zahn · 147
Telefon-Tastereien · 148
Hundstagebuchblatt · 153
Kleine Ansprache eines tiefsinnigen Mannes · 157
Eine Chronik · 159

Das Peter Paul Althaus-Gedichtbuch

Zusammengestellt
und herausgegeben
von Hans Althaus
ISBN: 3-86520-025-7
160 S., Paperback

edition monacensia
im Allitera Verlag

Peter Paul Althaus (1892–1965), Mitbegründer der Münchner Kabaretts »Zwiebelfisch« und »Schwabinger Laterne« sowie Begründer des »Monopteroß«, gilt als legendärer Schwabinger Poet. Viel Hintergründiges, subtile Ironie und eine Atmosphäre von Sehnsucht und Phantasie durchwehen seine Gedichte. Sie zählen »zu den originellsten und charmantesten modernen Poesien, kongeniale Gefährten der Verse von Morgenstern und Ringelnatz« (Hellmut von Cube). Die Gedichte von Peter Paul Althaus finden auch heute noch zahlreiche Leser, und die Erstausgaben seiner Bücher sind vielgesucht.

Der Neffe und Nachlassverwalter des Dichters, Hans Althaus, hat aus den zu Lebzeiten des Autors erschienenen Gedichtbänden, aber auch aus unveröffentlichten Quellen ein Lesebuch zusammengestellt, das als repräsentativer Querschnitt durch das lyrische Werk von Peter Paul Althaus gelten darf.